「私らしさ」のつくりかた

女子未来大学 ファウンダー
猪熊真理子
Mariko Inokuma

sanctuary books

私らしく、
好きなことをして生きていけたら、
どんなに素敵なんだろう。

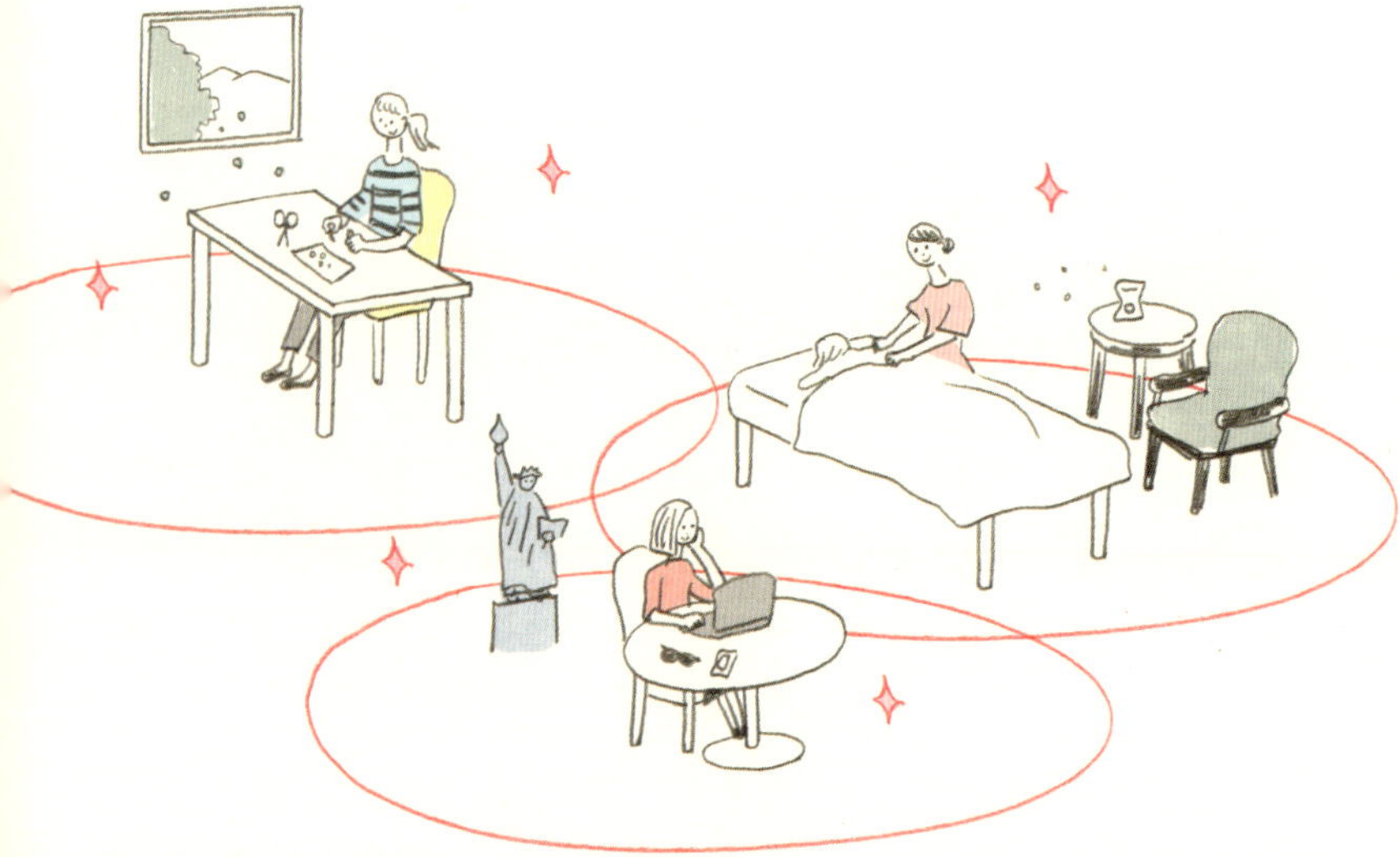

「〝私らしさ〟ってなんだろう。
そんなもの本当にあるのかな？」

「〝私らしさ〟を探せば探すほど
わからなくなる気がしてモヤモヤする……」

「自分らしく生きるなんて、〝キレイゴト〟。
才能や野心のある人だけができること」

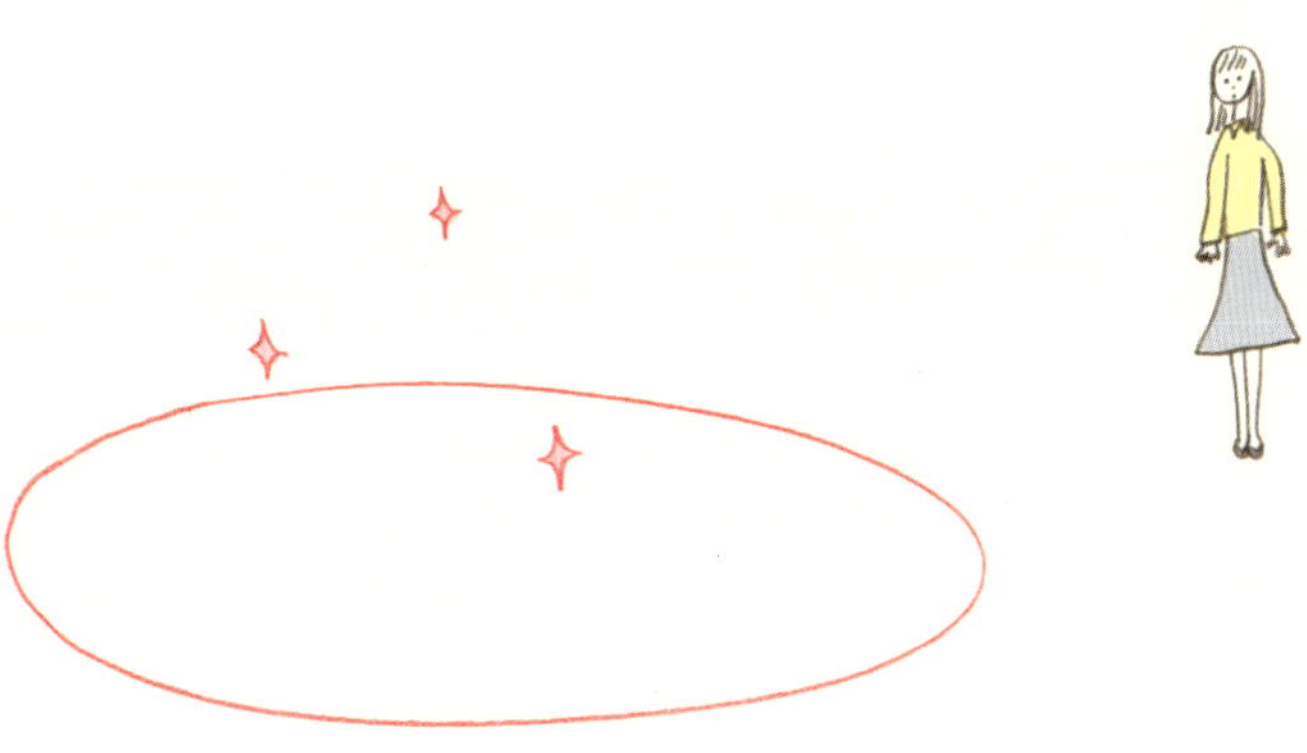

だけど、一度しかない人生なら。
「これが私」って
胸をはれるような生きかたを選びたい。
「私らしく」生きると、
自分もまわりも、
どんどんハッピーになれる。

「私らしさ」は、だれにでもつくれる。
そして、すべての人は
「私らしい」人生を歩むことができる。
心の声に正直にさえなれば。

この本が、
「私らしく輝きたい」と願う
あなたの背中を押す
特別な1冊になりますように。

はじめに

あなたの好きなことはなんですか？

映画を観ること。音楽を聴くこと。カフェでのんびりすること。大好きな人たちとおしゃべりすること。だれかに「ありがとう」と言われること……。

好きなことをしていると、心がじんわりと満たされていきます。どんなに何気ないことでも、特別なことではない小さな幸せでも、思わず笑みがこぼれたり、元気が湧いてきたりするはずです。

その「好き」という気持ちを、1日中感じることができたら、毎日がもっと楽しくなると思いませんか。

働く時間は人によりますが、1日のだいたい3分の1を占めています。それってけっこう大きな割合。

であれば、「生活するためだけに働く」のではなく、「好きなことを仕事にして生きていく」道を選べたら、どんなに自由で幸せでしょう。

断言させてください。

好きなことを仕事にして、自分らしく生きていくチャンスは、だれもが持っています。

大切なのは、自分の心の声に耳を傾け、素直になること。そして、働きかたや生きかた、自分自身についてちょっと立ち止まって、深く考えてみること。

女性たちが自分らしく輝くためのサポートをしたい

自分らしく生きられていないと感じる女性のみなさんに、「私らしさ」のつくりかたを知ってもらいたい。そんな思いから、今回私はこの本を書くことにしました。

このあとにあらためてお伝えしますが、私は子どもの頃から自分に自信がありませんでした。そんな自分を変えたくて心理学を学び、私と同じように自信を持てない女性が世の中にたくさんいることを知りました。

一人ひとりが自分らしさを大切にして、自分の選択や人生に自信を持つことができれば、もっと幸せに生きていけるのではないか。

そう考えた私は、会社員としてビジネスのノウハウを学びながら、女性支援のための活動やイベントを行うように。そして、それらの経験をいかし、2014年に株式会社OMOYAを立ち上げました。

女性の心を豊かにするための事業や商品・サービスの企画コンサルティングの他、社会人女性の学びの場「女子未来大学」の運営を行っています。

「私らしさ」をつくることは、決して特別なことではありません。

自分やまわりの大切な人たちが幸せでいられる方法を考えることが最初の大きな一歩。「世の中を変える！」なんて大それたことを考える必要はないのです。

時間がかかっても大丈夫。自分らしく生きるために一生懸命前を向こうとするあなたは、もうすでに輝いているのですから。

ひとりの女性、そしてひとりの起業家としての私の経験が、この本を読んでくださる読者のみなさんの自信につながれば、とてもうれしいです。

好きな仕事で成功する秘訣は、1000人のファンをつくること

実は、起業・独立して1年以内にやめてしまう人は、全体の4割にのぼると言われています。思いきって自分で仕事をはじめても、つづけるのは簡単なことではないのです。

では、成功する人としない人の差は、どこにあるのでしょうか?

アメリカ『WIRED』誌の創刊編集長ケヴィン・ケリー氏は、「1000 True Fans」という理論を唱えました。

「1000人の本当のファンをつくれば、どんな仕事でも成立する」というものです。

ファンというと、「アイドルやアーティストに一方的に憧れるファン」を想像するかもしれません。でも、私の解釈はちょっと違います。

私が考えるファンは、「私らしさ」を応援し、その「らしさ」から生まれる想いやビジョンを一緒に実現してくれる仲間のこと。自分の商品やサービスを気に入って買ってくれるお客さまはもちろん、仕事をサポートしてくれる提携企業や支援者も大切なファンです。

ファンの存在は、その仕事をどんどん成長させてくれます。そんな人が1000人いれば、あなたの実現したい未来はそう簡単には絶たれません。

1000人という数は、だれもが到達することのできる、決して高くないハードルです。「私らしさ」をつくる情熱さえあれば。

まだ会ったことのない素敵なあなたに、会いに行ってみませんか？

Contents

STEP2

「好き」と「仕事」が重なりはじめる

私が1000人のファンをつくった方法

《実践編》

STEP3

目標はファン1000人をキープ！ 自分もまわりも幸せになる、7つのエッセンス《継続編》

Interview

「私らしさ」をいかして、好きを仕事にしました

STEP 0

本当になりたい私って?

私が私をつくるまで

自信がなくて、本音が言えなかった子ども時代

優等生でいることに必死だった私

子どもの頃の私は、一見どこにでもいる「普通の女の子」でした。

生まれは香川県。瀬戸内海に面した小さな街で、両親・兄・弟と近くに住む祖父母と一緒に暮らしていました。

3歳から習いごとに通いはじめ、小学生のときはバレエにピアノに習字にと大忙し。子どもながらにいつも全力投球で、まわりの大人から「真理ちゃんは、がんばり屋さんだね」と言われることをうれしく思っていました。

でも、**本当は私、不安でしかたなかったのです**。

人よりもがんばっているはずなのに、ナンバーワンになれない。私にしかできないことがひとつもない。**がんばるのを少しでもやめたら、私にはなんの価値もないんじゃないか……**。実は、とてつもなく「**自信のない女の子**」だったのです。

これまで公にしたことはほとんどなかったのですが、実は私には妹がいました。残念ながら、この世で一緒に生きていくことが叶わなかった妹です。

姉妹という近い存在で誕生するはずだったのに、生まれたくても生まれてくることができなかった命。そのなかで湧いてきたひとつの感情がありました。

「もしかしたら、私が妹だったかもしれない」

一緒に生きていくことができなかった妹を思うたび、「私が生きていていいのかな」と子ども心に自分を責めていました。**心の深いところでの自信のなさは、ここからはじまっていた**のだと思います。

両親は精一杯の愛情を持って育ててくれ、私も両親のことが大好きでした。それゆえに本当のことを話すと悲しんでしまうのではないかと思い、その本音を打ち明けることは、当時の私にはできませんでした。

どうしようもないモヤモヤをひとりで抱えながら、勉強も習いごとも全力でがんばる優等生を演じることでしか、**「私が本当に生きていていいのか」という不安を払拭する**ことができなかったのです。

体が教えてくれた、心の悲鳴

慣れとはすごいもので、全力投球はいつしか私のなかであたり前のことになっていました。

中学校、高校と進学し、勉強も部活も習いごとも常にフルパワー。この頃はむしろ、**「私はもっとがんばれるはず！」**と自分にプレッシャーをかけていた気すらします。

ところが、高校2年生のとき。

授業中、突然、動悸や手の震えが止まらなくなってしまいました。原因がわからず、病院に行くと「自律神経失調症」と診断されました。

まさか自分が心の病気にかかるなんて信じられない気持ちでした。体調不良の原因がわかったことに安心したのと同時に、「あぁ、私、相当無理していたんだな」とはじめて気づかされたのです。

自信がないあまり、無理に「**精一杯を超える自分**」を演じつづけていた私。

でも、いったいだれがそんな私を求めているの？

そう思ったとたん、すっと肩の荷がおりた気がしました。

本当の私って、どんな私？

体調不良を経験し、私は「心」というものに強く惹かれるようになりました。物心がついた頃から「生きにくさ」みたいなものを感じていただけあって、人の心にはもともと興味があったのだと思います。

目に見えない心が本当に自分のなかに存在するのか、その正体を知りたくて、心が目に見えないことが「悔しい」と思っているような子どもでした。

「**心理学を勉強したい**」

高校生の私は、そう思い立ちました。

頭では「大丈夫！　もっとがんばれる！」と思っていても、心が体を通して「もうパンク状態だよ。無理しなくていいよ」と知らせてくれた。

目に見えないのにそれほどのパワーを持つ心の正体って、なんなんだろう？

どうして私は、自信が持てないんだろう？

本当の私って、どんな私なんだろう？

心理学を学べばなにか答えがわかるのでは？

そう思い、心理学科のあった東京女子大学に進むことにしました。

思い返せば、私が**「私らしさってなに？」ということを意識しはじめたのは、ちょうどこの頃**だったと思います。

「自信」は、「自分を信じる」と書きます。

自分自身を信じるために、また私が私を好きだと思えるようになるためには、どう私が変わっていけばいいのか。

私らしく生きられていない自分に気づけたこと。

そして、本当の私のまま生きてみたいと素直に思えたことが、**「私らしさをつくる」最初の一歩**だったのだと思います。

とはいえ、この頃はまだ「私」を知る段階にはたどり着いていません。

大学で心理学を勉強し、自分の心と向き合い、同世代の女の子たちの心に触れることで、そこから少しずつ「私らしさをつくる」作業にとりかかるようになるのです。

自分もまわりも「私」になれない女性だらけ

自信のない女性がこんなに多いのはなぜ？

女子大の心理学科に進んだ私は、心理学の世界にすぐに夢中になりました。心理学を学んでよかったことはたくさんあります。心を客観的に理解できるようになり、自分以外のだれかの心の動きや行動を理解しようとすることができたり、自分が自身の心に惑わされることが少なくなりました。もちろん心はとても奥深いので、いまでも戸惑うことや悩むことはありますが……。

心について学べば学ぶほど「私らしさ」とはなにかを知りたくなり、自分が本当に心からやりたいことを確かめるためにいろいろなことに挑戦しました。

サークルやアルバイト、ボランティア活動のお手伝い、読者モデル……。

4年間つづいたものもあれば、全然つづかずやめてしまったものもあり、自分が情熱を注げるものとそうでないものがなんとなく見えてきました。

「やりたいことはなんでもやってみる」というのが大学時代のモットーでした。


そんななかで私が特に興味を持ったのは、**「自信の持てない女性が多いのはなぜか」**ということでした。

私も友達も、当時はみんな同じようなファッションをしていて、人気モデルが雑誌で着ていたワンピースに、憧れのブランドのバッグに、トレンドのヘアスタイルとメイク。

「自分がかわいいと思うから選ぶ」のではなく、本音は「みんなやっているから」「ダサいと思われたくないから」。それって、**自信のなさのあらわれ**ですよね。

読者モデルをやっていたときも、よく劣等感を感じていました。「みんな自分よりもかわいい」と、いつも自分とまわりをくらべてばかり。そんな自分が嫌でたまらなかった時期もありました。

一方で、みんなが憧れるくらいきれいな友達でも、自信に満ちあふれていた人はほんの少数。堂々としているように見えても、どこかで人と自分をくらべていたり、まわりの目を気にし過ぎていたりしました。

30年前のある心理学研究で、「**女性らしさとはなんだと思いますか**」と日本人女性に質問したところ、女性らしさとして認識されていた二大要素が「美しさ」「従順さ」だったという結果が残っています。

30年前ならそんなものかな……と思いつつ、私が大学の卒業論文で同じ実験をしてみたところ、なんと結果はまったく同じ！

そのとき思ったのです。女性は、いろいろな価値観やしがらみに無意識のうちにとらわれて、**「私らしく生きる」ことへの自信をなくしてしまっているんじゃないか**、と。

「普通の私」なんていない！

どうすれば、私もまわりの女性も自信を持って生きられるようになるんだろう。そんなことを考えていたときに思い出したのは、両親のことでした。

私の父は、「公明正大」な心を持つことを教えてくれました。大人も子どもも、男性も女性も、どんな職業でどんな役割を持っている人も、平等に尊重するような人です。

いまでも覚えているのが、子どもの頃に家族で旅行に出かけたときのこと。お昼ごはんになにを食べるか家族でジャンケンで決めることになり、3歳だった弟が勝って「マクドナルドのハッピーセットが食べたい！」と言い出しました。

すると父は、「せっかく旅先なんだからご当地のものを食べよう」とか「おもちゃがほしいだけだろう」などとはいっさい言わず、迷うことなくマクドナルドに連れていってくれたのです。ジャンケンをする段階で**大人も子どもも平等**。

それが子どもらしい意見でも、平等に扱ってくれるような人でした。

私が将来のことでなにかを決めようとするとき、「真理ちゃんはどう思うの？」「真理ちゃんがそう思うなら、お父さんも応援するよ」。そう言って背中を押してくれたことが、幼い頃から何度もありました。

自分が意志を持つことは、単なるわがままではなく、大切なことなのだと教わったのです。

母は、とても**愛情深く母性豊か**な人。子どもをほめて育てること、そして子どもを尊敬することが、母のもっとも大切にしている教育方針でした。

「あなたには無理よ」とか「あきらめなさい」とか、そういうことは一度も言われたことがありません。どんなときも私の意志を無条件に応援してくれる、私のいちばんのファンのような存在です。

どんな人にも**尊重されるべき意志があり、役割がある**。またその役割に優劣はなく、みんなが**それぞれの役割を果たすこと**で社会が成り立っている。

両親は私にそう教えてくれました。

「私はなにも特別じゃない普通の人だから」と、自信を持てずにいた自分。でも、本当にそうなんだろうか？

何事にも全力投球していた私。妹のことを思って泣いていた私。バレリーナになりたかった私。心理学に夢中になっている私。女性たちの役に立ちたいと思っている私。

バラバラに思えていた、いろいろな私を思い浮かべれば思い浮かべるほど、他のだれとも違う「私だけの私」が見えてくることに気づきました。


自分を「普通の私」と思っていると、なんのとりえもないように思ってしまいます。でも24時間、1分1秒の自分を知っているのは「私」だけ。

他のだれでもなく、自分自身のなかに必ず答えがあります。自分がどんな興味や経験、考えや想いに偏ってきたんだろう?

その問いに向き合っていくなかにヒントがあります。

「私らしく生きる」ことは、「自分がそうありたいと信じるように生きること」、私はそう思っています。


どんなときも私らしく生きて、同じ思いを抱えて悩んでいる女性の力になりたい。

すべての人がみんな自分らしく生きられると信じたい。

そう強く思った瞬間でした。

少しずつ見えてきた、私らしい生きかた

ブログがきっかけで舞い込んだ、新しいチャンス

大学に入った当初は、臨床心理士になりたいと思っていました。病院や学校、福祉施設などで心のケアを行う専門職のことで、資格をとるためには大学院に行かなくてはなりません。

でも、私が本当にやってみたいことは、別の道にあるかもしれない。進路を決める時期が近づくにつれて、だんだんそう思うようになっていきました。

「私らしく生きる」ことについて本格的に考えはじめた私が、まずチャレンジしたこと。それは、当時ちょうど流行っていたブログでした。

「私らしさ」や「女性らしさ」とはなにか。

なぜ女性たちが自信を持って生きられないのか。本当にやりたいことを見つけるにはどうすればいいか。

普段考えていたいろいろなことを、とりあえずひたすら発信する日々。この頃は、だれかに伝えたいという気持ちよりも、自分の備忘録として文章に残しておきたいという気持ちのほうが強かったかもしれません。

なにかを根気よく発信しつづけていると、自分にとっていいことが必ず返ってくる。そう実感したのもこの頃です。

私と同年代の就活生や、キャリアに悩む女性を対象にした、講演会やイベントに呼んでいただけるようになったのです。

「こんなにたくさんの人の前で自分の考えを話すなんて」と最初はドキドキしましたが、3歳からバレエで人前に出ていたこともあって、やってみるとまったく苦ではありませんでした。

むしろ、人前で話すことで、自分の考えがより整理され、「**私もだれかの役に立てるかもしれない**」という自信につながりました。

女性たちの涙が教えてくれたこと

講演やイベントなどを通じて、たくさんの女性たちと出会うようになった私。そのなかには、「自分の悩みを相談したい」という女性もいらっしゃって、後日直接相談にのる機会も増えていました。

「いまの自分を好きになれない」「変わりたいのに変われない」「やりたいことが見つからない」……悩みを打ち明けてくれた女性たちの大半が、話しながら涙を流していました。

目の前で泣いている人の役に立ちたい。そう強く思うと同時に、私の前で涙を流す女性がこんなにいるのだから、同じように悩んでいる女性が世の中にはもっと大勢いるんだろう、とも思いました。一人ひとりの相談にのるだけではない、「新しい解決策」が必要ではないかと。

物質的にこんなに豊かな日本にいながら、心豊かに生きられないのはどうしてなんだろう。どうしてみんな幸せに生きられないんだろう。

経済的に貧しい発展途上国への支援と同じように、心の貧しさを支援する仕組みがあってもいいはず。

いつしか私は、自分で事業を立ち上げたいと思うようになっていきました。

女性の心に寄り添いつづけた、リクルート時代

最初は、悩んでいる女性たちの役に立てるなら、「奉仕（ボランティア）」でもいいと思っていました。女性たちの目が輝く瞬間を見ているだけで、胸の奥が熱くなるような喜びがありました。

それくらい、心からやりたいと思えたことだったのです。

でも、学生時代はいいけれど、社会人になるとボランティアでは食べていけない。自分が食べていけないということは、つづけていけない。継続的に女性たちの役に立つことに本気で取り組むなら、資金も戦略もきちんと準備して、継続する仕組みにしたほうがいいと思うようになりました。

大学生だった私が社会人になるにあたって、この**「継続する仕組み」を社会のなか**

で学べるような企業で働きたい、そう思うようになりました。

そこで修業先に選んだのが、株式会社リクルート（当時）。就職・結婚・住まい・美容・グルメなど、人の人生に深くかかわるサービスを展開していて、経営者も多く輩出している会社なら、いまの私に必要なことを学べるのではないかと思ったからです。

面接では、「将来は女性のための事業を立ち上げたいと思っているので、女性向け事業に配属してください」とお願いしました。いま思い返しても、ずいぶん生意気な学生ですね（笑）。

でも、ありがたいことにその熱意は通じて、入社後は結婚情報誌『ゼクシィ』の事業部に配属されることになりました。

『ゼクシィ』では編集や企画を経験し、入社3年目で自ら手を挙げて部署異動できる制度を使い、美容事業に異動。ブライダルよりもさらに日常生活に近い分野で、女性たちの心やニーズを知りたいと思ったからです。

『HOT PEPPER Beauty』のテレビCM企画は、特に印象に残っている仕事。当時の尊敬している上司から「**事業長になったつもりで自分で決めなさい**」と言ってもらい、代理店やタレントの選定からコンセプト、絵コンテ、セリフまで、すべてにかかわって事業判断をし、イチからつくり上げる貴重な経験をしました。

美容室やネイルサロンへの予約は、電話が一般的だった当時。そこに「ネット予約」という新しい文化を浸透させることが、CMのいちばんの目的でした。「美容に興味がない女性」「失恋したばかりの女性」「小さな子どもがいるママ」など、いろいろな女性たちの心を動かす方法を考えていく。その経験はとても勉強になりましたし、実際にCMが流れて世の中の「あたり前」が変わっていくのを目のあたりにすると、社会を動かしていくという経験が自信にもなりました。

リクルート時代からいまでも強く意識していることは、「**リアルな女性たちの代弁者でありたい**」という気持ち。

ビジネスサイドが女性たちに提供したいと思っている価値と、女性たちが心の底から本当に望んでいることを、まるで「**通訳**」のようにつないでいくことが、**自分の役割**だと思うようになりました。

私の「やりたいこと」「やれること」「やるべきこと」はなに？

私にとっての、3つの「や」って？

いつか「**女性に役立つことで起業しよう**」と決めて就職した私。

本当にやりたいことを仕事にしていくためには、仕事としてきちんと成り立つかどうかを見極めなくてはいけません。

女性のためになにをするか具体的に考えるにあたって、私がまず整理したのは、3つの「や」。紙に3つの円を描き、「やりたいこと」「やれること」「やるべきこと」をそれぞれ書き出していくという、会社で教わった方法です。

「やりたいこと（will）」とは、意志を持っていること。自分の好きなことや、やっていてワクワクすること。「やれること（can）」とは、いまの自分が持っている知識やスキル、得意なこと。「やるべきこと（must）」とは、やらなければいけないタスクのことではなく、社会やまわりの人から求められていることや、喜ばれそうなこと。

そして、3つの「や」のすべてにあてはまることこそが、**仕事として成功する可能性大！**　というわけです。

「やりたいこと」と「やるべきこと」のふたつにはあてはまるけれど、「やれること」がまだ自分にないのであれば、あとは知識やスキルを磨いて「やれること」を増やしていけばいい。「やるべきこと」にだけあてはまらないなら、必要としてくれる人が世の中に本当にいないか、リサーチしてみる。

たとえ、現時点で3つすべてにあてはまることがなくても、こんなふうに整理して考えれば、**仕事を成功させるための戦略**がグッと立てやすくなるのです。

ごはんを食べるのも忘れるくらい、やりたいこと

女性が自信を持って自分らしく生きられるようにサポートする、これが私の「やり

たいこと」。ごはんを食べることも忘れて没頭してしまったり、ボランティアでもいいからやりたいと思えたり。

「たいへん」「疲れた」という感情より「好き」「楽しい」「どうしてもやりたい」という感情が上回ると、人は信じられないほどの集中力を発揮して無敵になるもの。そんな状態を私の友人は「マリオのスター状態」と呼んでいました。テレビゲームのなかでマリオがスターを獲得すると一時的に無敵になる、あれです(笑)。

私にとって女性支援は、まさに「マリオのスター状態」になれるくらい、やりたいことでした。


どうしてそこまで思えるのか。それはやっぱり、私自身が自分らしく生きられなくてつらかった経験があるから。

同じような思いを抱えている女性を放っておけないから。「共感したい」「共感されたい」という感情は女性の特徴的な心理と言われていますが、私のベースにあるものもまた「共感」だったのです。

会社は辞めずに、最初は副業としてスタート

一方で、「やれること」として書き出したのは、まず**心理学の知識**。心の仕組みがわかっていて、心が抱える問題に応じて対処法を考えていけること、また**女性たちに寄り添う「共感力」**もやりたいことをやるうえでの私の大切な強みです。

リクルートでの数々の経験も、私の「やれること」を増やしてくれました。事業戦略の立てかた、市場のリサーチのしかた、女性の心を動かすサービスや表現方法の考えかた……。

また、大学時代からつづけていた講演やブログでの発信、個人的に好きで研究していたファッションや美容分野も、「やれること」としてカウントしました。

そして最後に「やるべきこと」。これは、講演を聞きにきてくれた女性たちや、私に悩みを打ち明けてくれた女性たちが、すでに教えてくれていました。心豊かに幸せに生きたいのに生きられない女性たち、**自分らしく生きられないと悩んでいる女性たちをサポートする**こと。受け身になってだれかが動いてくれるのを待つのではなく、

私がやらなければいけないと思いました。

「女性は家庭を守る」という考えかたが一般的だった昔とは違い、女性の人生の選択肢はどんどん増えています。

会社でキャリアアップしてバリバリ働くのも、仕事とプライベートをバランスよく両立させるのも、起業するのも、専業主婦になるのも、結婚するのもしないのも個人の自由。そのはずなのに、自由になれない女性がたくさんいるこの状況を、どうにかしなくてはいけないと思うようになりました。

幸いにも、リクルートは当時から副業を認めてくれる会社だったので、私はまずダブルワーク（副業）からはじめることにしました。

会社員の傍ら、自分の会社を設立。女性の心を豊かにする商品やサービスの企画、女性たちに向けた講演事業など、**3つの「や」のすべてにあてはまることをいかした事業をスタート**させました。

「**女性が自由に豊かに生きていける世の中へ**」という私らしいテーマが、ついに仕事として動き出したのです！

3つの「や」のワークシート

できるだけ大きな紙に3つの円を描き、
そのなかに3つの「や」を書き込んでいきましょう。
両方にあてはまることは
円が重なる部分に書いてもOK。

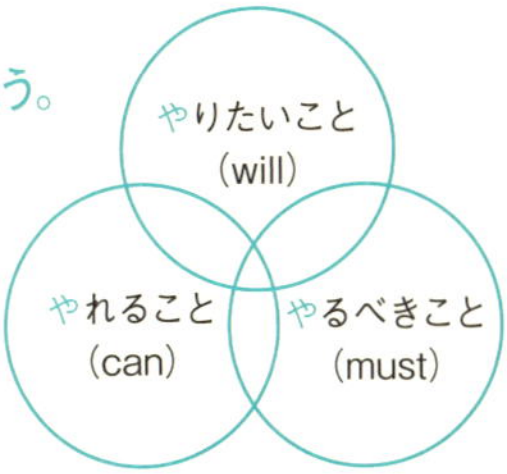

3つの円が重なる中心部分に書けたものがあれば、
それは仕事として成功する可能性が高いものです。

「起業」を選んだいちばんの理由

「起業」がベストな選択肢とは限らない

「好きなことをして食べていきたい」「○○な世の中をつくりたい」という夢を叶えるのに、起業やフリーランスの道が必ずしもベストとは限りません。

いまの会社で異動やジョブローテーションをする、企業内起業家（イントレプレナー）として社内で新規事業を立ち上げる、副業が認められているなら副業をするなど、いろいろな手段が考えられます。

夢に近づける会社に転職したり、プロボノ（社会人が自分の知識やスキルをいかしてボランティア活動をすること）として週末に活動したり、ブログやSNSで自分の思いを発信することからはじめたり……他にも選択肢はさまざま。

それでも私は、会社を辞めて起業するという道を選びました。

理由はいくつかありますが、いちばんの理由は「経営者」になることが私らしい道だと思うようになっていたからです。

理想の母親になるために、経営者になった私

大学生のとき、「人生の優先順位を決める授業」という心理学の授業を受けました。そこで体験したのが、「二者択一法」を利用したワーク。

10年後に自分が叶えたいこと、手に入れていたいものを、ひとつずつふせんに書いていきます。出来事でも、実際の物でもかまいません。

書き終わったらランダムに2枚手にとり、2枚のうちどちらが自分にとって重要かをくらべて、重要なほうのふせんを残します。今度は別のふせんを手にとり、同じことを繰り返していくと、すべての優先順位が決まり、いまの自分にとってもっとも優先順位の高い願いが最後に残るというもの。そのとき、私の手もとに最後まで残ったのは、「母親であること」と書かれたふせんでした。

じゃあ、私はどんな母親になりたいんだろう？

そう自分に問いかけてみると、「**人として豊かな母親になりたい**」という思いが見えてきました。たとえば子どもがいじめられて帰ってきたとき、「お母さんいま忙しいからあっちに行って」と言ってしまうか、わが子のちょっとした変化に気づいて抱きしめてあげられるかは、**私の人間性**にかかっています。

その授業以来、私は「**人として成長できる仕事や環境を選びたい**」とずっと思っていました。

仕事をして成長していくことと、プライベートで「母親になりたい」という想いを持つことは、相反するもので葛藤してしまうと思っている女性もいるかもしれません。

もしふたつの「私らしさ」で迷うことがあったら、**本当の私らしさをつくっていく方法**は2パターンあります。

ひとつは、**そのふたつの優先順位をつけて、優先順位が高いほうを選んで実際に行動してみること**。もうひとつは、**バラバラのように思えるそのふたつに共通点がないか、もう一度深く考えてみること**です。

たとえば、私は仕事をしているなかで、編集者やプロジェクトのリーダーの仕事は「母が家族にしてくれたことと同じ」と思う瞬間がありました。母は家族が学校や会社で、それぞれが最大限の力を発揮できるように気づかい、考え、ときに励ましてくれました。

リーダーの仕事も同じ。チームのみんなそれぞれが最大限の力を発揮するためにはなにをすればいいのか、それを考えることがリーダーの仕事です。

このふたつがつながったことで、私は仕事をするのが嫌ではなくなりました。仕事で成長していくことが、私がもっとも大切にしたい**「人として豊かな母親になりたい」**ということにつながっていくと思えたからです。

経営者という仕事は、自分の考えや経験や人間性が事業を通して社会に反映される仕事。そういう意味で、**「自分100%」**で生きられる仕事。そう考え、私は経営者になる道を選びました。

人としてもっと成長するために。そして、いつか理想の母親になるために。

2014年、株式会社OMOYAを設立!

私が本格的に起業を考えはじめたのはちょうど、政府の成長戦略として「女性の活躍推進」が掲げられた時期。動き出すには、これ以上ないタイミングでした。

こうして2014年、私は約7年お世話になったリクルートを卒業し、新しい会社を設立しました。

株式会社OMOYA(オモヤ)。家族が住む建物「母屋」をキーワードに、女性の力(母性)で世の中をよりよく変えていきたいという想いを込めて名づけました。

副業だった頃から行っていた、**女性向け商品・サービス・ブランドの企画や、女性が働きやすい企業変革**のお手伝いなどは、そのまま継続。大学時代からつづけてきた講演は、多方面で活躍する女性たちを講師に招いてさまざまな授業を行う「**女子未来大学**」として、ファウンダー3人で立ち上げました。

また、女性起業家や料理研究家、YouTuberなど、女性のプロフェッショナルたちとチームを組んで商品づくりや街づくりを行う、**女性プロデューサー事業**もスタート！

女性の感性や力を最大限にいかして、世の中の女性をハッピーにしていく。そんな仕事にチャレンジしています。

「私らしさ」はみんな違っていい

実は株式会社ＯＭＯＹＡは３月17日、語呂合わせで「みんないいな」の日に設立しました。最初からこの日と決めていたわけではないのですが、一人ひとりが「私らしく」生きられる社会や未来をつくりたいという思いを込めて、この日がいいと思ったのです。

「私らしさ」は、すべてオリジナル。世界中を探しても、ふたつと同じ「らしさ」はありません。

他の人の「らしさ」の見つけかたや生きかたが「ヒント」になることがあっても、それがそのまま「答え」になることはないのです。

また「私らしさ」には、正解や絶対的な答えがあるわけでもないし、早く見つければいいわけでも、迷わないほうがいいわけでもありません。

調子のいいときは「私らしく毎日を過ごせている！」と思えたり、あまりうまくいかないときは「私らしさってなんだろう？」と迷ったり、浮き沈みがあってもかまいません。

いいときも、そうでないときもあるのが「私」と受け入れて、**人生をかけて楽しむ旅**としてとらえることが、「私らしい人生」をつくることにつながります。

「好きなこと」経由、「やりたいこと」「私らしい人生」行きの旅に出るためには、まずはじめの一歩を踏み出すこと。「好きなこと」はたくさん経由してもいいのです。

私自身や、いままでに出会った女性たちそれぞれの「人生の旅」や「私らしさのつくりかた」をお伝えすることで、少しでもみなさんのヒントになればうれしいです。

「私らしさ」とは、自分をあるがままに受け入れること

私が出会ってきた女性たちのなかには「自分に自信が持てません」「自分のことが好きになれないんです……」という女性たちも多くいました。

「私らしさ」を考えようと思うとき、自分のネガティブな面ばかりが気になってしまって、余計に自信がなくなってしまうというのです。

私は「**女性がどうやったら自信を持てるのか**」ということを研究しつづけて、約10年が経ちます。

そのなかで、大切にしていることのひとつが、「**自信がなくても、弱い自分も含めてあるがままの自分を受け入れる**」ということです。

弱みというと、ネガティブにとらえてしまうことが多いのですが、実は強みだけでなく弱みもあなたらしい魅力のひとつです。

自分の弱みを認めると人にやさしくなることができます。自分がネガティブに思っ

ている弱みが、相手からすると「その人の魅力を感じる弱み」になることもあります。

そして、「らしさ」を見つけるためには、自分だけでなく、**他の人を知ることも必要**です。

他の人を知ることで自分との違いがわかり、自分の強みや弱み、偏りや特徴を把握できるようになり、いかせる「私らしさ」を見つけていくことができます。

また、他人の目ばかり気になったり、だれかの期待に応えようとし過ぎてしまうという人も、「あるがままの自分」を受け入れて、自分の心の声に耳をすましてみる必要があります。

だれかが望む自分になろうとし過ぎると、真ん中の自分がいなくなって、穴の空いたドーナツのようになってしまうのです。こういう状況を私は「**自分がお留守になるドーナツ化現象**」と呼んでいます。

また、**他のだれかにも「らしく」生きてほしいと願うのであれば、まず自分が「ら**

しく」生きていることが大事です。

自分がハッピーでないとまわりの人をハッピーにできないように、あなたがあなたらしく生きていないと、他人の「らしさ」を尊重できなくなってしまいます。

「私らしさがわからない」というのには4段階ある

私がこれまで、いろいろな女性たちに出会ってきたなかで、「私らしさがわからない」という状況には、実は4段階あるのではないかと考えています。

あなたがいまなにに悩んでいるのか、モヤモヤしているのかを知ることも、私らしさを見つける第一歩になるかもしれません。

自分がどの段階にいるのか、照らし合わせてみてください。

①私らしさのヒントや要素が見つかってない(もしくはヒントが少ない)
②なんとなくヒントや要素はあるけれど、モヤモヤしていてはっきり言葉に出して言えない(言語化できない)

③私らしさや私らしい生きかたを自覚して、そうなりたいと望んでいる
④私らしさをいかした働きかたや暮らしかたをしている

私が女性たちの話を聞いていてよく思うのは、②の人が多いということです。なんとなくヒントや要素はあるけれど、それを言葉にして説明することができないと感じている人が多いのではないでしょうか。

実は先日、同世代の活躍しているリーダー（起業家や企業でのプロジェクトリーダーたちなど）が集まる場で、２つの質問をしてみました。

「あなたは、あなたの〝自分らしさ〟を一言で言えますか？」
「あなたは、あなたでよかった、といま思えていますか？」

ひとつ目の質問で手を挙げた人は０人。ところが、ふたつ目の質問ではほとんどの人が手を挙げたのです。

同世代の活躍しているリーダーたちも、必ずしも「私らしさ」を言葉で説明できるわけではないのだということがわかりました。

「私らしさ」をつくるということは、いますぐ私らしさを一言で説明することではなく、それよりも**「私でよかった」と思えるような自分になること、そして、そういう思いで毎日を過ごすこと**なのだと思います。

また、女性のなかには、「思っていることを言葉にするのが苦手」という人も多いのではないでしょうか。

実は、「わかる」ということは「言葉にできる」ということだけではありません。「言葉にできないけれど、わかる」ということもあります。

私もイメージで物事を考えるタイプなので、イメージを言葉におき換えるのは、難しいことだと日々感じています。思っていることを言葉にするのが苦手だという女性たちには、よく次のような図を書いて説明しています。

たとえば、「私らしさ」としてイメージするものが、大きな丸だったとします。でも言葉は小さな三角。どうしても言葉で伝えられない部分というのは残ってしまいます。

ですが、このときに大切なことは、イメージをそのまま伝えられなくても、ヒントとなるような言葉をできるだけ多く話して、相手に伝えていくことです。

「こんなことが好き」「こんな経験をしたことがある」など、どんな言葉でもかまいません。

説明しているうちに、「私らしさ」というものがなんなのか、少しずつ理解を深めていくことができます。

まずは「私らしさ」のイメージを言葉におきかえる

一言にできなくても、ヒントとなるようなキーワードを人に伝えるだけで、少しずつ「私らしさ」が見えてきます。

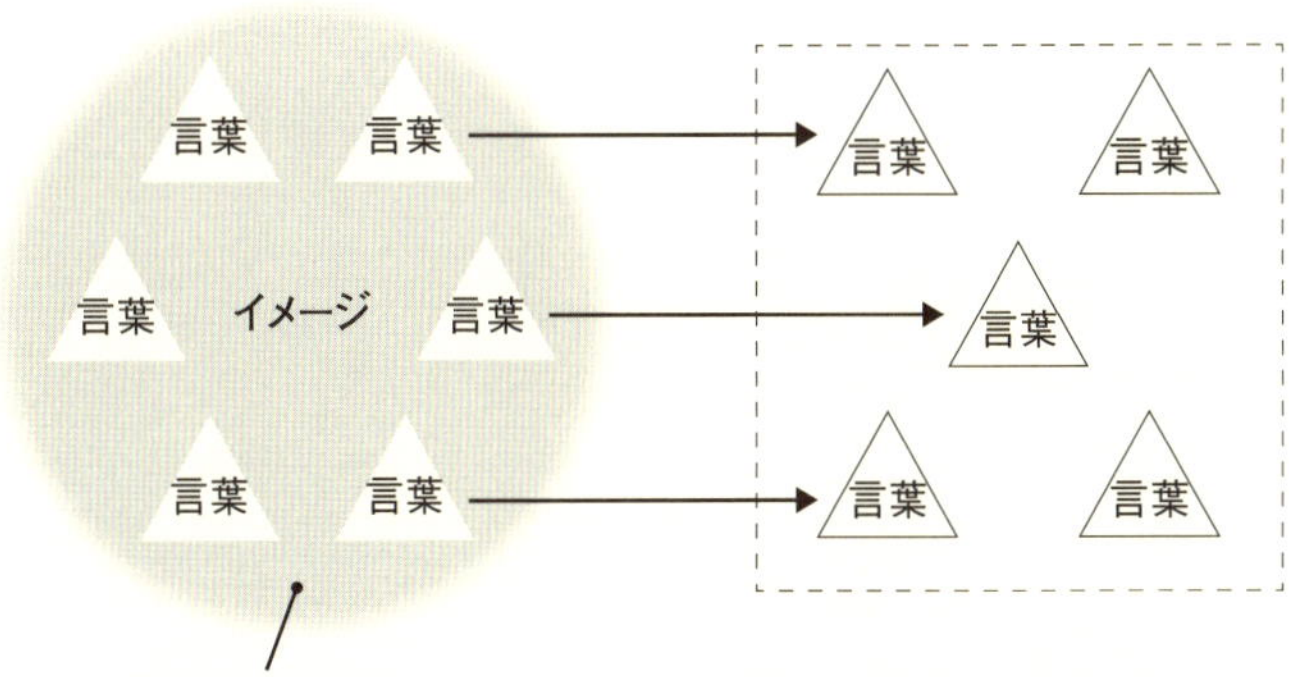

言葉ではどうしても
伝えられない部分が残る

イメージをそのまま伝えられなくても
ヒントとなるような言葉をできるだけ
話して相手に伝えることが大事

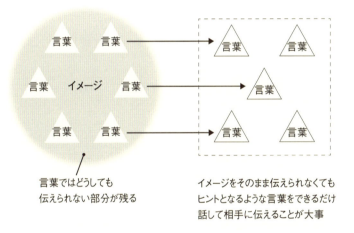

好きな仕事をすることだけが「らしさ」じゃない

私の場合は、起業して経営者として社会に価値を還元していく方法がもっとも私らしいと思ったので起業することを選びました。

でも、起業をしないと「私らしく」生きることができないわけではありません。会社勤めでも、働いていなくても、「らしく」あることはできます。

自分にもっともふさわしい道に気づくためには、ふたつのポイントがあります。

ひとつ目は、「**自分がなにを大切にして生きていきたいかを知ること**」。

ふたつ目は「**大切なものを大切にできる力（実力・経験・人間力など）を身につけること**」。

「**自分にとって譲れない軸**」×「**それを叶えられる自分**」になっていくことで、あなたらしい道は必ずひらけます。

次の章からは、私が「私らしさ」をいかした仕事をするために、「守ったもの」「捨てたもの」をお伝えしたいと思います。

読者のみなさんのなかには、「起業したいとは思わない」「好きなことを仕事にしていけるとは考えていない」というかたもいると思います。ですが、たとえば子育てが落ち着いたとき、住む場所や働きかたが変わったとき、もしかするとふと「好きなことを仕事にしたい」と思う瞬間があるかもしれません。

いまは考えていなくても、あなたの人生のなかで、もしそんなときがきたら、またこの本を読み返していただければうれしいです。

「好きな仕事で自分らしく生きていきたい」というかたの願いを叶える、とっておきのヒントになりますように！

「本当になりたい自分」になるためのワークシート

あなたのほしいもの、叶えたいことを書き出してみましょう。
なりたい自分像が少しずつ見えてくるはずです。

いま、「ひとりの働く女性」としてどうありたいですか

いま、「ひとりの人間」としてどうありたいですか

1年後、「ひとりの働く女性」としてどうなっていたいですか

1年後、「ひとりの人間」としてどうなっていたいですか

5年後、「ひとりの働く女性」としてどうなっていたいですか

5年後、「ひとりの人間」としてどうなっていたいですか

STEP 1

「好き」を「仕事」に変える前に

私らしくいるために、取捨選択をする

《準備編》

01

守る

「好きなこと」のレベルはどのくらい？

「心からやりたいこと」を知る

好きなことには深さのレベルがある

私は学生時代にやりたいことはなんでもチャレンジしたものの、そのなかでつづくものやつづかないもの、情熱の注げる量に違いがあることがわかりました。

一言で「やりたいこと」や「好きなこと」といっても、その想いには深さのレベルがあります。「今日はオムライスが食べたい」というレベル1くらいのやりたいこともあれば、人生をかけてやってみたいと思えるようなレベル100くらいのやりたいこともあるのです。

たくさんの女性たちと出会うなかで、「私らしさ」をいかした仕事をしたいと思っている人からこんな声をよく聞きました。

「起業してみたいけれど、私になにができるかわからない」

「まわりでやりたいことをやっている人を見るとモヤモヤする」

「やりたいと思って発信しはじめてみたけれどうまくいかない……」

その話を聞いていてわかったことは、**自分のなかの「好きなこと」や「やりたいこと」の深さのレベルの整理がついていない**ということでした。


そんなときは、シンプルな質問をするようにしています。

「それは本当に心からやりたいこと？」「どうしてそれがやりたいの？」


その答えのなかに、心からの情熱やあなたらしさはありますか？

まずは、自分自身のなかで、「好きなこと」や「やりたいこと」がどの深さのレベルのものなのか、問いかけてみてください。好きなことをするためには、ときにやりたくないことや、悩ましいことに出合うこともあります。だからこそ、「本当に心からやりたいのか」がとても重要なのです。

そして、それをだれかに伝えられるくらいの言葉にしておくことで、人と話をしながら、また自分自身に問いかけ、あなただけの「らしさ」を見つけてみてください。

02

守る

稼げるほど幸せとは限らない！

自分が幸せでいられる収入を知る

自分の身の丈に合った収入や売上を考える

「起業するなら稼がなきゃ！」「稼いでこそ成功者！」……そう思っている人もいるかもしれません。

でも、それって本当に、**自分にとっての「幸せ」**といえるでしょうか？

幸せに暮らすために必要な金額は人それぞれ。

年収400万円の人もいれば1000万円の人もいるし、たとえば家族と一緒に暮らしていて200万円程度で幸せという人もいるかもしれません。大切なのは、自分に**本当に必要な年収はいくらなのかを知ること**だと思うのです。

私は、昔からお金を稼ぐことに執着がありません。もともとはボランティアでもいいから女性支援をしたいと思っていましたし、女子未来大学をはじめた当初も収益はほとんど期待していませんでした。

お金について本格的に考え出したのは、心からやりたい仕事をつづけていくために、必要なお金をきちんと継続的に生み出せる仕組みをつくらなきゃ！　と考えるようになってからです。

会社を立ち上げて数年経ったいまでも、お金への執着はあまりありません。「もうちょっと興味を持ったほうがいいよ！」と友人から言われるほどです（笑）。

でも、稼ぐことに気をとられるあまり、本来の目的を見失うことだけはしたくないのです。

女子未来大学も、お金を稼ぐためではなく、女性たちを幸せにする仕組みをつくりたいという想いではじめた事業。**事業として継続していけるだけの売上と利益**があれば、それ以上を求め過ぎることもありません。

私個人も、世の中の女性たちや一緒に仕事をしている仲間、**私が大切にしたい人た**

ちを大切にできるくらいの収入があれば、十分幸せ。

ひとりで事業をはじめるなら、自分が幸せに生きていくための身の丈に合ったお金を知っておくこと。スタッフを抱える人なら、身の丈に合った売上や利益を知っておくこと。

これは**「私らしさ」を守るうえで忘れたくない、私の本心**です。

年収800万円を超えると幸せを感じづらくなる？

収入にまつわる興味深いデータを見つけました。ノーベル経済学賞の受賞歴もあるアメリカの心理学者、ダニエル・カーネマン氏が発表した、年収と幸福度の関係性についての研究結果です。

教授によれば、年収7万5000ドルまでは収入と感情的幸福が比例しているけれど、それを超えると比例しなくなるそうです。7万5000ドルは、2016月10月現在の日本円で約800万円。

つまり、**年収800万円を超えるとそれ以上いくら稼いでも、私たちは幸せを感じ**

にくくなるというわけです。

もちろんすべての人にあてはまるとは限りませんが、稼げば稼ぐほど幸せとは言いきれないこともわかります。人は物質的な欲求が満たされると、精神的に満たされたいと思う生きもの。必要な物質がある程度そろえば、あとは**お金では買えないものに価値**を感じるようになるのです。

禅語のひとつに、「**吾唯足知（われただたるをしる）**」という言葉があります。足るを知る、つまり**すでに十分であることを自覚することが、心穏やかに生きる秘訣**だという意味です。

反対に、十分に足りているのに「まだ」「もっと」とほしがる強欲な人は、実は心が貧しい人。ハッとさせられる言葉ですよね。

実は、起業家には安定志向が多い！

世間では起業というと、売上を右肩上がりに伸ばして、スタッフや拠点を増やして、いずれは上場して……なんてイメージが少なからずあると思います。

ところが、日本政策金融公庫の調査におもしろいデータがありました。

「事業規模を拡大していきたい」という成長志向の人と、「規模拡大より事業を安定的につづけていきたい」という安定志向の人は、３：７の割合。つまり、**安定志向の人のほうが実は多かった**のです。

これも、起業に対する先入観のひとつかもしれません。

起業したからといって、必ずしも大きなリスクをとって、事業をどんどん拡大しなければいけないわけではないのです。

「人間」といってもいろいろな人がいるように、「起業」といってもいろいろなカタチがあっていい。

どんな状態であれば、好きなことを仕事にして幸せを感じつづけられるか。

いま一度、自分の胸に問いかけてみることをおすすめします！

好きなことを仕事にする前に、絶対に知っておきたいこと

身の丈に合う収入や売上がわかっていても、「好きなことでは食べていけない」と思っている人も多いと思います。

特に社会貢献価値の高い事業や、メディアを立ち上げるなど、収益を生むまでに時間がかかることを仕事にしたいと思っている場合はなおさらです。

私が好きなことを仕事にしようと思ったとき、いちばん役立ったのはマーケティングの知識や経験でした。

マーケティングとは、「**だれが、なにに価値を感じて、経済やビジネスがまわるか**」という仕組みを知り、戦略を立てて、実際につくっていく活動のことととらえています。

なので、市場調査からお客さまのターゲティング（ターゲットを絞ること）、商品の開発から、販売や宣伝活動、実際に戦略がうまくいったかの振り返りなども含みます。

「好きなことで食べていく」には、好きなことをしたときに、だれかに対して明確な価値を提供し、それによって対価としてのお金をいただき、そのビジネスの仕組みがきちんとまわっていく必要があります。

その**利益の一部が、あなたの収入**にもなるからです。

あとの項では、マーケティングの基礎ともいえる「だれが、なにに価値を感じて、ビジネスの仕組みがまわるか」ということについて、あなたの好きなことに照らし合わせながら考える方法についても紹介していきます。

仕事を通じて実現したい未来のワークシート

1、3、5年後の時間軸で考えてみることで、それまでに自分がなにをしなければいけないかが見えてきます。

1年後	3年後	5年後
どんな自分になっていたいか？		
どんな商品やサービスを提供していたいか？		
どんなファンに愛されていたいか？（どんな人の役に立ちたいか？）		
ファンにどんなふうに思われていたいか？		
どんな人と一緒に働いていたいか？		
どれくらいの年収を稼いでいたいか？		

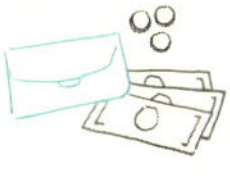

03

守る

「心理学」×「女性」×「ビジネス」……強みのトライアングルをつくる

私にしかできないことってなんだろう？

起業する前、最初に悩んだのは「**私だけの強みって、なに？**」ということでした。

「女性のために仕事をしたい」ということは決まっていたけれど、女性向けのサービスや商品で成功している人がすでにいるなかで、自分だからこそできる事業なんてあるのだろうか……。


そんなときに思い至ったのが、**強みを3つかけ合わせる**ということ。

考えてみれば、ものや情報があふれている現代社会で、まったくのゼロから新しいなにかを生み出すことは至難の業。

どんなに画期的に見える新商品も、すでにある商品やアイデアの組み合わせから生まれたものだったりします。実はイノベーション（革新）というのは、まったく世の中にないものではなく、既存の「知」と「知」のかけ合わせで起こると言われています。すでに世の中にあるもののかけ合わせでも、十分「らしさ」が出てくることがあるのです。

ひとつだけでは「だれにも負けない」とは言いきれない強みも、ふたつ、3つと掛け合わせていけば、だんだん希少価値になっていく。

であれば、私の強みもかけ合わせてしまえばいい！

大学時代に学んだ心理学の知識。講演やイベントやプライベートで大勢の女性と出会い、さまざまな価値観に触れてきた経験、女性たちへの共感力。そしてリクルートで培った、事業企画・マーケティング・プロモーションなどのビジネススキル。

この「**心理学**」×「**女性**」×「**ビジネス**」のかけ合わせが、私なりの「**強みのトライアングル**」です。

強みがひとつだけだと「**点**」ですが、ふたつかけ合わせて「**線**」を、さらに3つかけ合わせて「面」をつくっていく。

その「面」をつくることこそが、実は社会のなかでのその人ならではの「居場所（私らしさを表現できる強み）」をつくる秘訣だと私は思います。

「居場所」をつくり、ときには広げていくために、一つひとつの強みを磨きつづけていくことも忘れないようにしています。日頃から本を読んだり、勉強したり、たくさんの人の話を聞いて新しい知見を得たり……。また3つがかけ合わさったトライアングルの経験や実績を積んでいくことも意識しています。

あなたの強みのトライアングルは、なんですか？

自分自身をレアカード化する

リクルート出身の大先輩、教育改革実践家の藤原和博氏は、仕事で成功するためのカギを「自分自身をレアカード化すること」と表現しています。

たとえば、自分がなにかの分野で100人にひとりの存在だった場合。そのままだと希少性はそこまで高くありませんが、ふたつ組み合わせれば1万人にひとり、3つ

組み合わせれば100万人にひとりの存在になれる。

そうすることで、カードゲームのレアカードのように自分の希少価値を高められる、という考えかたです。

ちなみに、**それぞれの分野に関連性がなければないほど、希少価値はアップ**します。「フラワーアレンジメント」×「色彩学」×「女性」よりも、「フラワーアレンジメント」×「中国語」×「プログラミング」などのほうがライバルは少なそうですよね。

自分を最大限にレアカード化できる「強みのトライアングル」を見つけることが、成功の近道になるのです。

弱みと強みは、実は背中合わせ!

商品やサービス、自分自身のスキルなどに弱点がひとつもないという人は、おそらくいないと思います。

もちろん私にも、他の人とくらべてまだまだできていないな……と感じることや不得意なことがあります。でも、弱みと強みは表裏一体。

とらえかたによっては弱みが強みになったり、ある人にとってはデメリットだと思えるものでも、他の人にはメリットに感じられることだってあります。

たとえば、1日1個ずつしかつくれないアクセサリー作家さんなら、生産量が少ないことは一見弱点に思えますが、「すべて1点もの」「心のこもったハンドメイド」とプレミアム感を演出することで強みに変えることができます。

駅から遠くてアクセスが不便なサロンなら、駅前より場所代が安く抑えられるぶん、相場より低めの料金設定にできるかもしれません。「お車での来店歓迎」「すぐに停められるパーキングあり」といったことも謳えそうです。

弱みを努力でコツコツ克服していくことも大切。でも、少しの発想の転換で、**その弱みはだれかにとっての魅力**に変わるかもしれません。

私も、自分の弱みにばかり目がいって落ち込んでしまうときは、考えかたのスイッチを切り替えて、それをポジティブな強みや価値に変えることができないか視点を変えてみるようにしています！

「強みのトライアングル」のワークシート

あなたはどんなトライアングルで、自分の希少価値を高めていきますか？

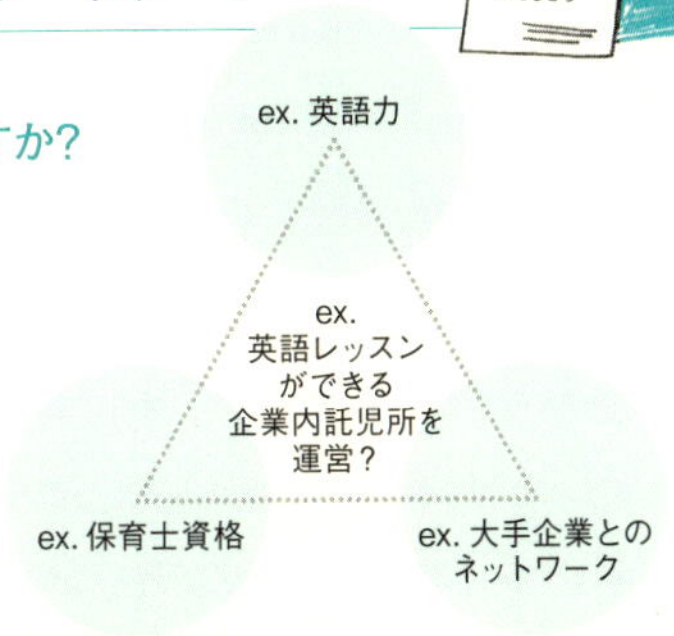

あなたの強みをかけ合わせてみよう

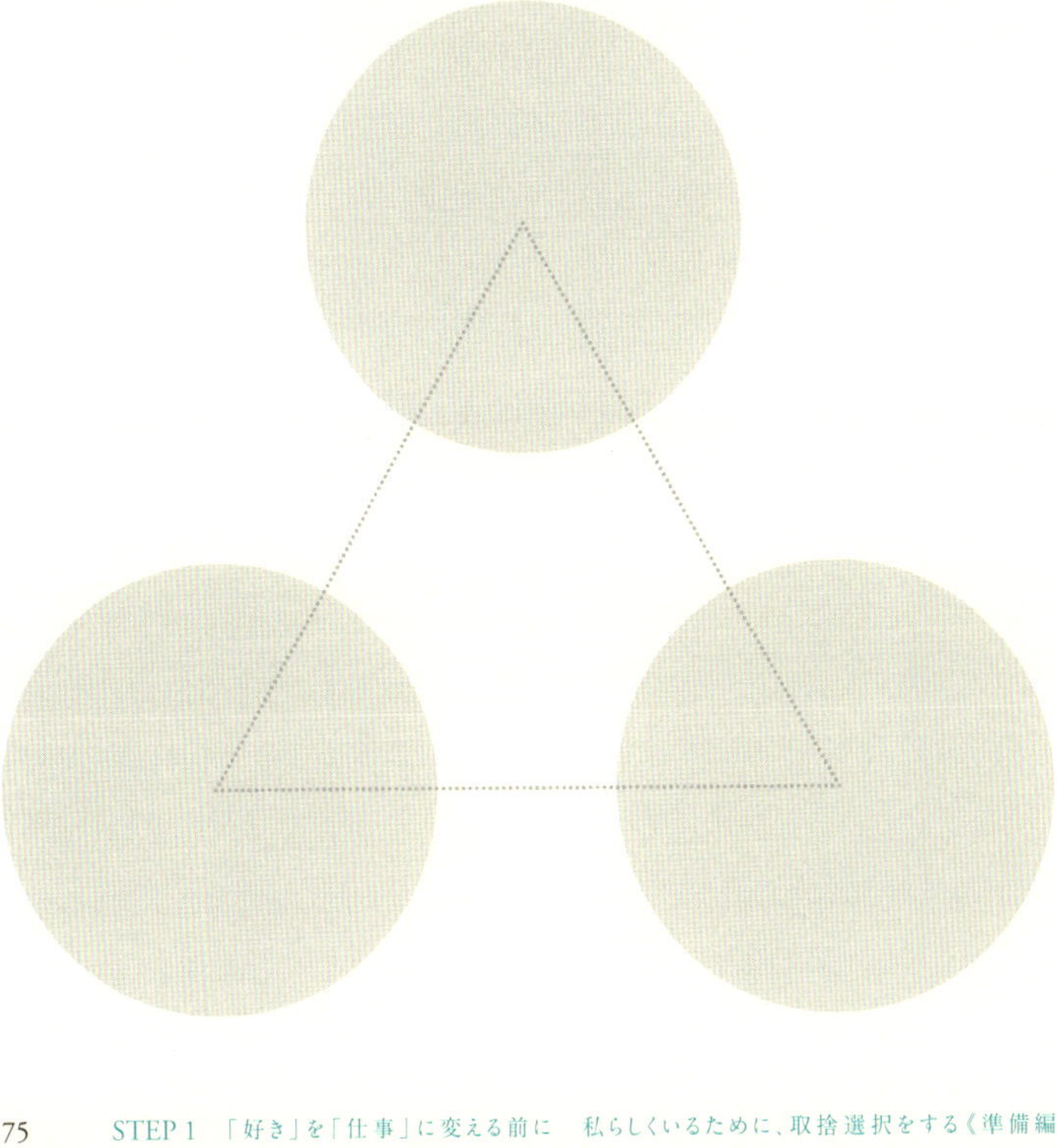

04

捨てる

八方美人をやめる

「買ってくれればだれでもいい」と思わない

「だれもがお客さま」は失敗のもと！

自分の商品やサービスを必要としてくれるのは、具体的にどんな人でしょうか。ターゲットであるお客さまを決めることはとても重要なことです。

「あなたのお客さまはどんな人ですか？」

起業したいという女性にこの質問をしてみると、「必要としてくれればだれでもいいんです！」と返ってくることがあります。

自分からお客さまを選ぶなんて……という気おくれや、間口を狭めてお客さまが集まらなかったらどうしよう……という不安が、そうさせるのでしょう。その気持ち、よくわかります。特に女性は「だれにでも好かれるのはいいこと」という社会的な通念や教育を受けてきている側面があり、**どうしても八方美人になってしまいがち**です。

でも、たとえばあなたがお子さんのいる女性で、お料理教室に通いたいと思っているとします。

ある日、通えそうな場所にあるふたつの教室からダイレクトメールが届きました。ひとつには「女性のための料理教室」と書かれていて、もうひとつには「キッズルームあり！　お子さまと一緒に通える、ママのための料理教室」と書かれていました。

さて、どちらの教室に行ってみたいと思うでしょうか？　おそらく後者だと思います。

後者のダイレクトメールを送った人は、**教室の対象者として「子どものいる女性」を明確にイメージ**しています。

だからこそ、ママである自分はこのコピーを見て「これは私のための教室だ！」と感じるのです。「来てくれればだれでもいい」と思っていたら、このコピーは生まれないでしょう。

自分の仕事を必要としてくれる人、あるいは自分の仕事で喜んでもらいたい人を具体的にイメージする。

お客さまにとって「これは私のための商品（サービス）だ！」と思ってもらえることがなによりも大切です。その人たちのためになにができるかを掘り下げて考えることで、結果的にその人たちに選んでもらいやすくなるからです。

理想のファンを明確にする4つのステップ

自分の商品やサービスを選んでほしい、つまり「ファン」になってほしいのは、どんな人でしょうか。

「若い女性」「英語をしゃべれるようになりたいと思っている人」「疲れてリフレッシュしたい人」などのイメージはあっても、職業や趣味、住んでいるところまで具体的に想い描いたことはないかもしれません。

でも、理想のファンを具体的にイメージすればするほど、その仕事は成功します！
私が実際にやっている4つのステップを紹介します。

①理想のファンのプロフィールを書き出す

年齢・性別・職業・趣味などを紙に箇条書き。ファッションや持ちもの、自宅の雰囲気などがよりリアルにわかるように、雑誌の切り抜きや画像を貼ったコラージュをつくるときもあります。

たとえば、雑誌は『25ans』を読んでいて、いちばん好きな映画は『プラダを着た悪魔』。料理が趣味で、ル・クルーゼの鍋を愛用。休日は表参道のカフェでお茶をしていて、Instagramを1日1回更新するような……と**固有名詞もふまえて、具体的に書き出してみる**とよりイメージしやすくなります。

②理想のファンが抱えている悩みを知る

「仕事が忙しくて疲れがとれない」「子育てを終えて社会復帰したいのに、なかなか仕事が見つからない」などの悩みをリアルに想像。自分の商品やサービスで解決できそうな悩みはもちろん、その悩みを持っている人の人数や割合などを知るために調査などもします。

私がよくやるのは、ネット環境があればできる超簡単なリサーチ方法。

検索画面を開き、「30代主婦　調査」「独身女性　不安　調査」などと打ち込んで検索するだけ。理想のファンの大まかなカテゴリーや、**知りたい分野に、「調査」というワードを加えるだけ**です。

すると、政府や民間企業や個人が調べたデータがたくさんヒットします。文章を一つひとつ読むよりも、「画像検索」にして興味のある表やグラフをチェックして、そこからウェブサイトに飛んでもOK。調査データからターゲットであるファンの傾向や割合などを知ることができます。

③理想のファンが叶えたい願いを知る

たとえば、自分がフェイシャルエステを得意とするエステティシャンで、理想のファンの悩みが「毛穴の目立つ肌」だとしたら。「毛穴のないつるつる肌になりたい」というのがその人の願いだと推測できます。

でも、大切なのはその先。実は「最近彼氏ができたけれど、肌に自信がないから急接近できない！」という真の願いがあるかもしれません。

そこまで考えられていれば、エステと併せて、その人らしさを引き出すメイク術をアドバイスする……なんてことも可能になるかもしれません。

「叶えたい願い（真の願い）」は実は本人自身も気づいていない**潜在的なニーズ**の場合もあります。だからこそ、丁寧にヒアリングすることやお客さまを理解すること、またこちらから提案し、気づかせてあげることが大切です。

理想のファンの真の願いを知ることで、その人の**期待以上の価値を届けられる**ようになります。

④「八方美人」はやめる

理想のファンを明確にすればするほど、自分の力ではどうにもできない人の存在も見えてきます。

お客さまになってもらえたらうれしいけれど、それだけの力が自分にはない。そう思ったら私は、その人たちをお客さまの**ターゲット候補から思いきって外してしまう**

ようにしています。

自分が役に立てない人の役に無理に立とうとするよりも、自分が役に立てる**目の前の人に価値を提供していくこと**に集中する。いつか自分が成長して、もっとたくさんの人の役に立てるようになれば、いまは自分が役に立てない人でもお客さまになってくれるかもしれません。

「みんなに必要とされたい」という考えは、失敗のもと。

いま確実にお客さまやファンになってもらえる人たちに最大限の力を尽くすことが大切だと思います。

理想のファンのプロフィールイメージをつくろう

あなたのファンはどんな人ですか?

・年齢　・性別　・家族構成　・職業　・住んでいる場所　・働いている場所
・1日や1週間のスケジュール　・趣味　・習いごと　・ファッション　・収入額
・貯金額　・よく見るテレビ番組　・よく読む本　・自宅の雰囲気
・好きなものやこと（食べもの・色・動物・場所・時間など）　・将来の夢や目標　etc.

・35歳女性
・商社マンの夫と2人暮らし
・豊洲在住
・IT企業の広報
・渋谷勤務
・10時出社
・平均19時退社
そろそろおもてなし料理を覚えたいな
オンとオフのファッションがほぼ一緒でマンネリ
毎朝飼っているトイプードルの散歩へ
ネイルサロンへは月に1回、ヘアサロンへは2カ月に1回
夏までに5kgやせたいなぁ
肌荒れを治したいなぁ
仕事柄きれいめファッションでジャケットはマスト、スカートが多め
次の旅行は南仏あたりに行きたいな
夫と共通の趣味は、おいしいものを食べに行く

05

守る

ライバルの隙間をねらう

自分だけの強みを見つける

ライバルを知って、作戦を練ろう

自分で仕事をはじめるときに、見落としがちなこと。それは、ライバルの存在です。やりたいことが固まってくると、うれしくてついまわりが見えなくなってしまいますよね。

でも、ごく限られた人たちや地域に向けて仕事をする場合や、ものすごく特殊なことを仕事にする場合でない限り、ライバルは必ずいます。**まずはライバルのことをきちんと調べましょう**。

たとえば恵比寿でネイルサロンをはじめようと考えているなら、「恵比寿　ネイルサロン」とネットで検索。ネイルサロンのサイトがずらっと出てきたら、一つひとつチェックしていきます。

私は、ただ単にサイトを眺めるのではなく、**サイトから必要な情報をピックアップして、エクセルのリストに**していきます。

ピックアップする情報は、「4つのP」を参考にするとスムーズ！

ライバルを知るための4つのP

①Product（商品・サービス）

◎商品・サービスはどんなラインナップか？
◎そのなかでも目玉の商品・サービスはどれか？
◎期間限定や季節限定の商品・サービスはあるか？
◎オプションの商品・サービスはあるか？（ギフト包装、送料無料、ドリンクサービスなど）
◎コンセプトやこだわりはあるか？

②Price（価格）

◎商品・サービスの価格はいくらか？

◎割引サービスはあるか？（初回限定、セット購入、定期購入、友達紹介など）

③Place（立地・販売チャネル）

◎店舗やオフィスはどこにあるか？

◎交通機関や駅からの距離はどうか？

◎広さ、内装、インテリア、ＢＧＭ、雰囲気などはどうか？

◎百貨店、バラエティショップ、専門店など、どんなところで売られているか？

◎自社ＥＣサイト、楽天などのモール、カタログなど、どんな販売経路か？

④Promotion（販促方法）

◎テレビ、雑誌、新聞、ラジオのマスコミ4媒体を使っているか？

◎コーポレートサイト、ＥＣサイト、ブログなど、ウェブメディアを使っているか？

◎食べログやHOT PEPPER Beautyなど、業界専門メディアを使っているか？
◎Facebook、Instagram、Twitterなど、SNSを使っているか？
◎チラシやダイレクトメールなどを使っているか？
◎イベントなどに出ているか？
◎どんな見せかたをしているか？（テイスト、起用タレント、キャッチフレーズなど）

ライバルの隙間はどこ？

ライバルのリストをつくったら、**自分の「４つのＰ」もリストにプラス。**そして、ライバルに勝っているものやライバルが持っていないものに○を、優劣が決められないものや重複しているものに△を、ライバルに負けているものに×をつけていきます。

ネイルサロンの例に戻ると、「海外の知り合いから特別なルートで仕入れている珍しいパーツがある」「1席だけなので、他のお客さまを気にせずリラックスできる」などの内容に○がついたとすれば、ライバルに差をつけるチャンス！　自分のサロンを選んでもらうポイントになり得ます。

△がついたものは、工夫次第では○に昇格させられる可能性あり。×がついたものは、どうしても変えられない事実なのか、努力や工夫をしてどうにかなるものなのか、ジャッジが必要です。

また、**弱みを強みに変換できないか考えてみる**ことも大切。

駅からは遠いけれど、となりに素敵なカフェがあるなら、「来店していただいたかたに○○カフェのドリンク1杯無料チケットをプレゼント！」といったキャンペーンができないか、カフェのオーナーに相談してみるという手も！

自分とライバルの「4つのP」を知れば、自分の強みがもっと明確になります。**新しいアイデアが生まれることも多い**ので、私はこの作業、けっこう楽しみながらやっています！

4つのPリストをつくってみよう

例）ネイルサロン経営者の場合

	自分のサロン	サロンA	サロンB
Product（商品・サービス）	■デザインを選べる定額コース3つ、お持ち込みのデザインを再現するコース、予算に応じたお任せコース　△ ■ハンド　× ■毎週新作デザインをリリース　○ ■海外から仕入れる珍しいパーツあり　○ ■施術後に無料のハンドマッサージあり　○ ■コンセプトはハワイ　○	■定額コース5つ、お持ち込みデザイン再現コース、お任せコース、パーツつけ放題コース（いちばん人気） ■ハンド、フット ■毎月新作デザインをリリース ■スタッフ全員、ネイリスト検定1級の有資格者 ■ラグジュアリー感	■定額コース3つ、お持ち込みデザイン再現コース、お任せコース ■ハンド、フット ■季節ごとに新作デザインをリリース ■有料フットバスあり ■ネイル初心者がメインターゲット
Price（価格）	■定額コースは4900円、5900円、6900円　× ■初回限定でオフ代無料　△ ■Instagramフォローで3パーツ無料　○	■定額コースは4000円〜9000円 ■つけ放題コースは10000円、15000円 ■リピーターはオフ代半額 ■友達紹介で20%OFF	■定額コースは3500円、5000円、7000円 ■初回限定で2900円のコースあり ■ハンド・フット同時施術で10%OFF
Place（立地・販売チャネル）	■恵比寿駅東口から徒歩15分　× ■1席限定　△ ■マンションの1室　× ■リゾートをイメージしたハワイアン系のインテリア　○ ■BGMはハワイアンミュージック　○	■恵比寿駅東口から徒歩3分 ■10席 ■商業施設のテナント ■ラグジュアリーホテルのような高級感のある空間	■恵比寿駅西口から徒歩5分 ■5席 ■大通りに面したビルの1階 ■アンティーク家具などを使ったおしゃれな空間 ■看板犬（トイプードル）がいる
Promotion（販促方法）	■自社サイト　△ ■HOT PEPPER Beauty　△ ■毎週Instagramに新作ネイルをアップ　○ ■近所のお宅にチラシをポスティング　○	■自社サイト ■HOT PEPPER Beauty ■ファッション誌のタイアップ広告 ■Facebookページ ■人気モデルがインスタで紹介	■自社サイト ■HOT PEPPER Beauty ■ブログ

06

守る

私の場合はハーゲンダッツ！

人気商品にヒントを学ぶ

商品やサービスの「価値」はだれが決めるもの？

「価値とは、だれが決めるものでしょうか」

そう聞かれたらあなたはなんと答えますか？

私が講演や起業講座でこの質問をすると、多くのかたは「お客さま」と答えます。

でも、実は**自分（商品・サービスを提供する側）とお客さま（提供される側）との関係のなかで決まる**のです。

たとえばあなたがコスメの販売スタッフで、そのなかで口紅を販売していたとしたら。

あなたがこの口紅の魅力を「発色がとてもいいんですよ！」「唇が乾燥しないト

リートメント成分が入っているんです」とお客さまに伝えたいとします。

ですが、あなたとお客さまとの関係のなかで、まだブランドを知ってもらえてなかったり、商品を知っていてもその価値である「発色のよさ」や「トリートメント効果」が知られていなければ、その口紅の本当の価値は伝わりません。これは、**自分は知っているけれどお客さまが知らない商品の価値**がある場合です。

また、あなたの予測していなかったところで、お客さまは「パッケージデザインがミラーになっているので、鏡を出さなくても口紅が塗れる」というところに魅力を感じているかもしれません。

これは先ほどとは反対に、**自分は知らないけれどお客さまが感じている商品の価値**がある場合。この場合、お客さまが気づかせてくれた価値を、さらに商品の価値として訴求していくことで、商品の価値が上がっていくかもしれません。

このように、商品そのものが変わらなくても、その価値は自分とお客さまとの関係性のなかで決まっていきます。

提供する側のあなたが思う商品の価値をきちんと伝えていくこと、またお客さまやファンからフィードバックや感想をもらって、それを商品の価値として反映していくことで、提供できる価値はどんな商品・サービスでも必ず磨かれていきます。

自分へのごほうびに選びたくなる大人のアイス

大人が大好きな高級アイスクリームといえば「ハーゲンダッツ」。アイスクリーム＝子どものおやつだった1980年代の日本に、突然登場した「都会的な大人のデザート」です。

従来のアイスクリーム価格の2～3倍もするハーゲンダッツが、こんなにも世の中に受け入れられたのはなぜでしょうか。

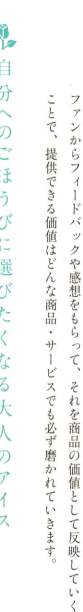

原材料にこだわった質の高いアイスクリームであることも、もちろん理由のひとつ。でもそれだけではありません。「がんばった自分へのちょっと贅沢なごほうび」という目に見えない価値に、私たちは魅力を感じ、お金を払っているのです。

ハーゲンダッツを口にしたときのあの幸せな瞬間を、社内では「**ハーゲンダッツ・モーメント**」と呼んでいるそう。実はこの「ハーゲンダッツ・モーメント」こそが、

新しいブームをつくった重要なカギだと私は思っているのです。

これによく似た例が、「スターバックス コーヒー」。

高品質のコーヒー、家や職場とは別の自由に過ごせる居場所「サードプレイス」というコンセプト、そして「**スタバを飲んでいる私、なんだかいい感じ♪**」と思わせてくれるステータス感が、私たちの心をつかみました。

近年のコーヒー業界はさらに進化していて、自分自身の満足だけでなくコーヒー豆の産地にまで目が向けられるように。たとえば、2016年に日本に初上陸したカリフォルニアの「VERVE COFFEE ROASTERS」は、「コーヒー農園とあなたの街との架け橋になる」をコンセプトにしています。

素材や生産者のストーリーを知り、淹れかたのこだわりを知ることで、目に見えないスペシャルな価値を1杯のコーヒーに見出す時代になったのです。

このように、「**体験**」を通じて感じる価値のことを、専門用語で「**カスタマーエクスペリエンス（顧客体験価値）**」と呼びます。

自分の商品やサービスを通じて、目に見える直接的な価値だけでなく、目に見えないどんな体験価値を届けられるだろう？

この視点を私はいつも忘れないようにしています。

「プレミアム感」を感じてもらう

体験価値を届ける方法のひとつは、たとえば**「プレミアム感」を感じてもらうこと**。

サロン・教室・ショップなどリアル店舗がある場合は、特に実践しやすい方法です。内装、インテリア、小物、制服、ＢＧＭなどを見直し、理想のファンが特別に感じてくれそうな空間づくりを心がけます。必ずしも高級感を出す必要はありません。

会員限定サービスを設けることも効果的。あるいは、ドリンクサービスやお出迎え、記念日サプライズといったプラスアルファのサービスも、心づかいが感じられてうれしいですよね。これらはメインとなるサービスに付帯する「フリンジサービス」と呼ばれています。

北海道砂川市にある「いわた書店」をご存じでしょうか。

小さな田舎町にありながら全国から注文が殺到するという、驚きの本屋さんです。きっかけは「一万円選書」というオリジナルのサービス。最近読んだ本やよく読む雑誌などのアンケートに答えると、本のスペシャリストである岩田社長が1万円ぶんの本を厳選して届けてくれるというものです。

もちろん、届く本そのものにも価値があります。でもそれ以上に、**自分では出合えなかった本に出合えるという「体験」がまさにプレミアム**。ぜひ参考にしたいアイデアです。

求められる前に「先まわり」をする

体験価値を届けるもうひとつの方法は、「先まわり」。求められる前に先まわりして提供してしまう、というパターンです。

人が求めるもの（ニーズ）には、ふたつの種類があります。自分自身で自覚しているもの（顕在的なニーズ）と、自分でも気づいていない深層心理によるもの（潜在的なニーズ）。

髪を切りにヘアサロンへ行き、目の前の鏡に「疲れがふき飛ぶ20分　ヘッドスパが今月限定30％ＯＦＦ」というＰＯＰが貼ってあるのを見て、「そういえば私、最近疲れているかも」と思わずヘッドスパもオーダーしてしまう。

これは、「髪を切りたい」が顕在的なニーズで、「疲れを癒したい」が潜在的なニーズ。本人も自覚していなかったことを、ＰＯＰを使って先まわりして解決したわけです。

理想のファンがいま求めているものはなんだろう？
どんな気持ちで、どんな毎日を送っているんだろう？
お客さまが本当に必要とすることを想像すると、仕事が楽しくなっていきます。言葉にならない想いをめぐらせ、先回りできるようになったら、仕事だけでなく日頃の人間関係やコミュニケーションにも、きっとプラスになりますよ。

体験価値の提供に成功しているパターン

「先まわり」パターン

【ビックロ】

服を見ながら、家電など他の商品も物色できる。「アイロンが壊れてるから買わなきゃ！」「夏だし脱毛器がほしいなぁ」など、心の奥底にあるニーズを掘り起こす。

【NORA HAIR SALON】

ヘアサロンでありながら、ネイル、アート展示、音楽イベントなどを行っている。「髪を切りたい」の先にある「おしゃれに暮らしたい」という真の理想に近づける。

【Oisix × LUSH】

有機野菜とオーガニックコスメがセットになった通販商品。体のなかからはもちろん、外からもきれいになりたいという願いを叶えてくれる。

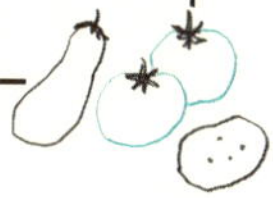

「プレミアム感」パターン

【都内のホテルの女子会プラン】

観光客や出張目的のビジネスパーソンではなく、都内に住んでいる女性たちに都内のホテルに宿泊する女子会プランを提案。特別な女子会気分を味わえると人気に。

【JAL】

Facebook ページには社員が実名&顔出しで登場し、サービスに対する想いを長文で綴っている。一人ひとりの顔が見えることで、信頼感や安心感、親近感を感じられる。

【いわた書店】

「一万円選書」サービスとして、自分の趣味やライフスタイルに合いそうな本を、厳選して届けてもらえる。

07

捨てる

無駄なこだわりをやめる

自分の価値とブランドの見せかた

好きな言葉を社名にするの、ちょっと待った！

会社を立ち上げるとき、私ははじめ、「フィエルテ」という社名にしようと考えていました。フィエルテ（fierté）とはフランス語で「誇り」「自信」という意味。女性たちに誇りを持ってほしいという私の想いにぴったりで、響きもきれいだったので、昔からお気に入りの言葉だったのです。

社名が入ったハンコまでつくってルンルン気分でいたある日。信頼する経営者の先輩にバッサリ斬られてしまいました、「発音しにくくない？」と。

私には耳なじみのある言葉でしたが、はじめて耳にした人にとっては、確かに発音しにくいし覚えにくい。フランス語であることや言葉の意味合いから、「お高くとまっている感じでとっつきにくい」というご意見もいただきました。散々ですね（笑）。

社名や屋号名は、これから一生付き合っていく大切なもの。自分の好きな言葉をつけたくなるのが女心です。

でも、ひと呼吸おいて、冷静に考えてみることが大事。**はじめて耳にする（目にする）人の立場に立って**、ベストな名前かどうかをジャッジするのです。

意味、響き、字面などあらゆる面で、一瞬で記憶に刻まれるような名前、さらに一言で名前の由来を説明できるようなものなら合格！

私は社名を決めるときに、2週間くらいかけてひとりでワークをしていました。

①自分が一生のテーマにしていきたいもの
②そこまでではないけれど興味・関心のあるテーマ
③それらをビジネスにするにはどんな方法があるか

この3種類をそれぞれ違う色のふせんに書いて、自分の部屋の壁に貼っていき、写真に撮って眺め、追加したいものがあればどんどん書き足していくというものです。

これは自分が大切にしたいもの、本当に好きなことややりたいことのキーワードを探るなかでとても大切な作業でした。

そんななかで候補にあがったのが、「母屋」というキーワードでした。

母屋とは、家族が住む中心となる建物のことですが、「母」という字が入っていたり「中心」という意味があったりします。

私は、母性というものを「生み出す」「育む」「受け入れる」力ととらえています。この3つの力はこれからの時代、子育ての場面だけでなく社会でも発揮されるべき。また、「家族」のようにお互いを想い合える会社にしたい。そんな想いを代弁してくれる言葉のように感じました。

子どもから年配のかたまで覚えられる、親しみのある日本語という点も、社名としては大切なポイント。子どもが「おもや」と発音してくれたらかわいいですし、お客さまから「1回で覚えられる社名だね」と言ってもらえます。

自分だけのこだわりを捨てたからこそ出合えた、もっとも「らしさ」を表現できる社名だと思っています。

ファンにどんな存在として知られたい？

商品やサービスそのものの戦略を考えることと同じくらい、「それをどう見せていくか」を考えることが大事。いわゆるブランディングです。社名やブランド名をはじめ、キャッチフレーズやロゴマークも欠かせません。

ブランディングを考えるときのベースになるのは、「**世の中やファンの人たちにどんな存在として知られたいか**」。

私は次の3つのステップで整理していきました。

①その仕事は、だれになにをする仕事？

理想のファンと、その人たちに届ける価値。これらが明確になっていれば答えは簡単。

私の場合は、「**社会や企業や家庭のなかでより自分らしく活躍したいと考える女性**」に、「**自分に自信を持ち、自由に幸せに生きていくためのサポートをする**」仕事です。

価値を届ける手段としては、女性活躍に取り組みたい企業に向けたコンサルティング、社会人女性の学びの場・女子未来大学の運営、女性向け商品やサービスの企画・プロデュースなどがあります。

②私がその仕事をするのはなぜ？

自分でその仕事をはじめようと決めた背景には、なんらかの理由や想いや経験が必ずあるはず。それらのエピソードも含めて「私の仕事」であり、「私でなければならない」根拠になります。

私がいまの仕事をしている理由は、**自分らしく生きられないと悩むたくさんの女性たちと出会ってきたから**。自分自身も「私らしく」生きられなかった経験や、心理学を学んだこと、たくさんの女性たちと出会う機会があったこと、すべての経験がひとつのストーリーのようにつながっています。

そのストーリーのつづきに、私の理想とする「**自分の幸せを自分で選び取れる女性を、ひとりでも増やしたい**」という想いがあります。

③ ①②を表現するキャッチフレーズは？

キャッチフレーズとは、自分がどんな人で、どんなことをして、どんなことを実現したいのかを世の中に簡潔に伝えるためのもの。

「コンセプト」や「理念」ともいえます。資生堂の「一瞬も 一生も 美しく」、カゴメの「自然を、おいしく、楽しく。」などは、企業の想いやビジョンが短いフレーズで力強く表現されています。

ちなみに私のキャッチフレーズは、「**女性が自由に豊かに生きていける世の中へ**」。「女性」「自由」「豊か」という外せないキーワードを入れ、ストレートにわかりやすく表現しました。

ロゴマークは、想いを共有できるデザイナーに依頼

名刺やウェブサイトで使うロゴマークは、プロのデザイナーにお願いするのが吉！

デザイナーの選びかたで大切にしたいのは「**想いを共有できるか**」。デザイナーさんにも大切にしたい想いや個性、センス、得意・不得意分野があります。

デザイナーさんと想いを共有するときには、ロゴマークをつくりたい会社や商品などの「コンセプト」と「キーワード」を伝えましょう。直接的な社名やサービス名からだけなく、その周辺にある想いやコンセプトを共有することで、デザインに創造性が加わります。

私は、会社のロゴも女子未来大学のロゴも知り合いのデザイナーさんにお願いしました。OMOYAのロゴは「OMOiYA（想い屋）」としての「i」がロゴのなかに隠れています。目に見えない「想い」を通訳するような会社にしたいという願いを込めました。

また「O」をできるだけ正円に近づけてもらうことで、禅の思想で円は「普遍の真理」をあらわすように、普遍の真理を探求する存在でありたいという想いを表現しています。

知り合いにデザイナーさんがいて、想いやセンスが合いそうであればその人にお願いしてもOK。身近にいない場合は、まわりの人に「こういう条件のデザイナーさんを知りませんか？」と聞いたり、『ランサーズ』などのクラウドソーシングのサービスを使ってみてもいいかもしれません。

ブランディングを考える3つのステップワークシート

ステップ①　あなたの仕事は、誰になにをする仕事?

◎誰に(どういう人に)

◎なにを

ステップ②　あなたがその仕事をするのはなぜ?

◎その仕事をはじめた経緯やきっかけ

◎これから実現していきたい想い

ステップ③　①②を表現するキャッチフレーズは?

◎キーワード

◎上記のキーワードから連想されるキーワード

◎キャッチフレーズを一言で

08

守る

ファンとつながる3つのマストツールとプロフィール

社名が決まって、最初に用意したもの

社名やロゴマークが決まってまず用意したのは、「仕事専用メールアドレス」「名刺」「ウェブサイト」の3つ。自分の仕事とファンを結びつける、とても大事なツールです。

①「仕事専用メールアドレス」

プライベートで使っているものやSNSではなく、仕事専用のメールアドレスを用意します。

フリーメールではなく**独自ドメインを使ったアドレスのほうが、信頼度は◎**。@の

後ろがgmail.comやyahoo.co.jpのものではなく、自分の会社名やブランド名になっているものです。

『お名前.com』や『ムームードメイン』などのドメイン会社のサイトから手続きすれば、費用は年間数千円ほど。ウェブサイトのドメインを取得する際に同時に専用メールアドレスを取得できる場合もあります。

②「名刺」

自分の第一印象の一部になる、名刺。とりあえずの名刺を自分でつくるのではなく、少しお金がかかっても、いいものをつくるべき！　だと私は思います。

名刺は初対面のかたと出会うとき、**自分を印象づける「顔」**のようなもの。いまの私の名刺は、商品プロデュースをしている日本伝統文様である七宝文様をリデザインした10金×ダイヤモンドのジュエリーのプロモーションも兼ねて、ゴールドに七宝文様の入ったものを使っています。

最近ではネットのサービスで、素人でも本格的につくれるテンプレートを用意しているところもあります。ロゴマークとキャッチフレーズを入れて、特殊加工（箔押し・エンボス・角を丸くするカットなど）や紙の種類にこだわれば、目を引く名刺が意外と簡単にでき上がります。

直接お客さまとお会いしない業種、たとえばネットショップなどの場合も、ショップカードを兼ねた名刺をつくっておくのがおすすめ。届いた商品と一緒に名刺が入っていたら、つくり手の顔が見えるようで親しみが湧きませんか？

③「ウェブサイト」

予算があれば、ウェブサイトもプロにお任せするのがベスト。

でも、知識やスキルがゼロでも、オリジナリティのあるサイトを簡単に（しかも低予算で、方法によっては無料で！）つくれてしまうサービスがいくつかあります。

たとえば『Wix』というサイト。各業種に合わせた数百種類ものテンプレートから好きなものを選び、写真やコピーを入れていくだけで、おしゃれで本格的なサイトをつくることができます。プログラミングは必要なく、感覚的に素材をはめ込んでいけるので、つくりかたは想像以上に簡単！

ネットショップの場合は、『STORES.jp』や『BASE』など最短2分以内でネットショップが開設できるサービスもあります。

サイトデザインはもちろん、商品購入や音楽・動画のダウンロードができるフォーム、ショップの告知や集客、注文管理、商品の保管や集荷などが簡単に利用できます。商品が売れた場合の手数料などは、サービスによって違うので使用できる機能や手数料なども比較しながら検討してみましょう。

認知度アップや販売という目的だけでなく、**信頼度**を高める意味でもウェブサイトをきちんとつくっておくことは大切。

法人向けの仕事の場合、**取引先となる企業からサイトをチェックされるのは当然**です。個人向けのサロンや教室であっても、**はじめて行くところの情報をサイトで確認しておきたい**お客さまは多いはずです。

私の場合も、会社のウェブサイトの問い合わせフォームから、お仕事の依頼やメディアの取材依頼などがくることがよくあります。

ファンに届くプロフィールのつくりかた

ウェブサイトに載せる情報のなかで、きちんとこだわりたい部分。それはプロフィールです。

ついやってしまいがちなのは、経歴や実績などの事実をただ書き並べること。それではその人の人となりや想いはなにも伝わってきません。

現在の私のプロフィールは500文字くらい。「**理想のファンにどんな存在として知られたいか**」をベースに、**自分らしいストーリー**や、**必要な情報やふさわしい言葉**を選びながら構成していきました。

大学で心理学を学んだこと、リクルートでビジネスを学んだこと、これまでに3000人以上の女性と出会ってきたこと、大切にしているコンセプトなど、伝えたいことだけをコンパクトにまとめています。

実績が増えたり、サービスが進化したりと、プロフィールは変化していくもの。少なくとも**半年に一度は、内容を見直して更新**するようにしています。

また、公開しない自分だけの理想の未来のプロフィールを書いてみるのもおすすめ！　自分はこれからどんな実績を積んで、どんな人になっていきたいか、あらためて確認することができます。理想のプロフィールはだれかに見せるものではないので、こんなテレビ番組に出演してみたい、お客さま○名を突破したいなど、自分の野望のようなものを書いても大丈夫です。

ちなみに、プロフィール写真は、恥ずかしがらずにプロのカメラマンにお願いするのがベスト。目指すブランドイメージに合わせて、ファッション、ヘアスタイル、メイク、撮影場所、雰囲気なども細かく設定するといいと思います。

法人向けのお仕事であればジャケットを着用する、理想のファンである女性たちに親しみを持ってもらうために、自分らしさがいちばん出せる場所で撮影するなど、これまでに考えてきた**「理想のファン」や「どんな存在として知られたいか」ということをプロフィール写真にも反映**させましょう。

また、ブランディングに統一感を持たせるために、すべてのメディア（ウェブサイトやブログ、ＳＮＳなど）で同じプロフィール写真を使うようにしています。

09

守る

自分らしくいられる環境がモチベーションの源！

お気に入りとメンターを見つける

お気に入りに囲まれて元気をもらう！

せっかく好きな仕事をするのだから、どんなときも笑顔で前向きに過ごしたいもの。

でも、ときにはちょっとしたことでへこんだり、将来を考えて不安な気持ちになったりすることもあります。仕事が忙しくて心に余裕が持てないときもあります。

そんなときに助けてくれるのが、お気に入りアイテム。身につけるだけで元気が湧いてくるとっておきの服やアクセサリー、眺めるだけで心が落ち着く写真、居心地のいいインテリア……。

たとえば私は、**新しい仕事をはじめるときやはじめての人に会うときは、白い服**を着るようにしています。

まっさらなキャンバスにカラフルな絵の具で絵を描いていくときのように、「これから新しいことを創造していく！」という意志を服に込めて、自分を奮い立たせるんです。

また白は、自己主張するのではなく相手の色を反射させることができる色でもあるので、相手になにかを気づかせたり、相手の想いに寄り添ったり……という仕事のスタンスも表現しているつもり。

ＯＭＯＹＡの事業のひとつ、女性プロデューサー事業のメインビジュアルも、全員に白い服を着てもらって撮影しました。

それから、アクセサリーやネイルなど、**キラキラしたものを身につける**のもこだわりのひとつ。女性は本能的に光るものに惹きつけられる傾向があるようで、私も昔から大好き。

女子未来大学で登壇するときや、大勢の女性の前で話すときなどは、意識して（嫌味のない程度に）光るものを身につけるようにしています。

キラキラ輝いているものを身につけるだけでも、キラキラ輝いている女性に見えるような気がしています。

信頼できるメンター（助言者）を3人つくる

メンターとは、仕事や人生で迷ったときに**的確なアドバイス**をくれ、**精神的な支え**になってくれる存在のこと。

会社を離れて自分で仕事をはじめるようになると、視野が狭くなったり、間違いに気づかないまま突き進んでしまったり、孤独感に悩まされたりすることがあります。そんなときにものすごく心強く感じるのが、メンターの存在です。

私のメンターは、経営者の先輩、リクルート時代の先輩、起業後に知り合った人など。起業するとき、社名を考えるとき、新しい事業をはじめるとき、大きな壁にぶつかったとき……節目節目で必ずためになる意見をくれ、親身になって応援してくれました。

メンターは複数人、できれば3人以上いるのがベスト。

ひとつの物事に対して多方面から意見をもらえるからです。それぞれのメンターが異なる強みを持っている場合は、テーマごとに相談するメンターを決めてもいいと思います。

まわりに見あたらなければ交流会や勉強会で人脈を広げてもいいですし、面識はないけれど尊敬してやまない人に、思いきって手紙やメールをして会いに行くのも手。

ただし、メンターは依存相手ではありません。貴重な時間をいただくからには、相手に役立ちそうな情報を集めたり、相手にない視点をいかしてアイデアを考えたり（相手が男性であれば、女性ならではの視点を伝えるなど）、自分にできる範囲でおみやげを持っていくことを心がけています。

起業したばかりの頃は、私の「情熱」を買ってくれていたメンターも。「こんな想いを実現したい！」「こんなことにチャレンジしたい！」という私の熱のこもった話を聞いて、忘れかけていた熱い思いが蘇ってきたと言ってくれました。

「私なんかが相談していいのかな」なんて思わずに、思いきって声をかけてみる勇気、大事だと思います。

「セルフエフィカシー」を高める

「セルフエフィカシー」とは心理学の用語で、直訳すると「自己効力感」。わかりやすく言うと、「まぁ、なんとかなるだろう！」と思える、根拠のない未来への自信のことです。

私は、女性たちが自信を持つための大切なカギのひとつが、この「セルフエフィカシー」だと思っています。好きな仕事で長く成功していくためには、セルフエフィカシーを高めていくことが大切なのです。

セルフエフィカシーを持つためには3つの方法があると、私は考えています。

①自信につながる「小さな成功体験」を積み重ねる

自信というものは急にふってくるものではないので、小さな成功体験を積み重ねて

「私は大丈夫」という思いを膨らませていくことが大切。

自信を失いかけているときは、自分で自分を認めてあげることが難しくなっているのかもしれません。いままでの成功体験、とても大きな成功でなくても大丈夫で、小さな成功体験を思い出すこと。

もしくは電車でお年寄りに席を譲る、落ちているゴミを拾う、家族に料理をふるまうなど、「自分はだれかの役に立てる人間なんだ」と思えるような体験を、どんな小さなことでもいいので新しく積み重ねていきます。

その積み重ねが少しずつ自信につながり、心の財産になっていきます。

②未熟な自分を受け入れる

どんなに完璧に見える人でも、その道のベテランでも、必ず悩みや欠点を抱えて生きています。ましてや、まだまだ経験が浅い人の場合、悩みがひとつもないはずがありません。

未熟な自分でいいのです。大切なのは、そんな自分を受け入れて、いまできる最大限の努力をするということ。等身大の自分をきちんと知っている人だけが、次の一歩を踏み出すことができます。

③どんなときでも自分の味方になってくれる人を大切にする

メンターでもいいですし、家族でも親友でもパートナーでもかまいません。「あなたなら大丈夫だよ」「がんばってるのを知ってるよ」と無条件に応援してくれる人の存在は、自分を価値のある人間だと思わせてくれます。

自分を信じてくれる人がいるからこそ、「やってみよう！　なんとかなる！」と思えれば、自然とセルフエフィカシーが高まっていきます。

自信がないときこそ、味方になってくれる人と会ったり、話す時間を意識的にとることで、少しずつ自分の自信が回復するのを感じられるようになります。

STEP2

「好き」と「仕事」が重なりはじめる

私が1000人のファンをつくった方法

《実践編》

01

守る

自分の存在を印象づける
発信型で集客をする

想いを発信することで、ファンの心をつかむ

自分の想いに共感し、商品やサービスを買ってくれたり、応援してくれたりする存在。そんなファンを増やすには、ただ待っているだけではダメです！

たくさんの情報があふれているいまの時代。ファンになってもらえそうな人たちに向けて、自分や事業に込めた想いを発信し、自分たちの存在を印象づけることがとても大切だと思います。

「でも、なにをどうやって発信していけばいいのかわからない！」

というかたもたくさんいると思います。ここでは、私が実践している方法や便利なサービス、発信内容の考えかたなどについて紹介していきます。

①SNS（Facebook、Instagram、Twitter など）

SNSは、いちばん手軽に広く情報を発信できるツール。

私も個人のアカウントからコツコツ発信をはじめ、いまでは各メディアでそれぞれ数千人のフォロワーがついています。現在はOMOYAと女子未来大学のFacebookページも運営中です。

個人のアカウントをすでに持っているなら、最初はそこからの発信でOK。自分がどんな想いでどんなことをしているかを、まずは認知してもらうことが大切です。私はFacebookの友達は、基本的に直接お会いしたかたのみとつながるようにしています。

ブログもマイペースに10年以上つづけていますが、ブログをはじめた初期から読んでくださっている読者のかたが、女子未来大学の授業に来てくださることもあります。「継続は力なり」です。

メディアごとのユーザー層を知り、自分の理想のファンがいそうなメディアに力を入れるのもポイント。

Facebookはユーザーの年代がもっとも幅広く、10〜40代を中心に、20代で6割、

30代でも4割の人が利用しているそう。経営者やビジネスで利用している人も多いのが特徴です。**重要なお知らせや、私の想いを文章できちんと伝えたいとき**は、主にFacebookで発信しています。

Instagramは、写真が中心のコミュニケーションで、言語の違う世界中の人とつながることができるメディア。私はいつも小型のデジタル一眼レフカメラを持ち歩いていて、忘れたくないような美しい風景や被写体を見つけたらすぐにパシャリ。**写真はWi-Fiでスマートフォンに飛ばして、その場でタイムリーにアップ**しています。

Twitterはユーザーの約半数が10〜20代という、若い世代を中心に使われているメディア。私の場合は、忘れたくないことやふと感じたことを**自分の備忘録として**つぶやくケースがほとんどです。

②オウンドメディア（自分のウェブサイト、ブログなど）

オウンドメディアとは、自社が持つメディアのこと。自分のコーポレートサイトやウェブサイト、ネットショップ、ブログなどがあてはまります。

私は大学時代からブログをつづけていて、いまでも定期的に更新しています。フォロワーのタイムラインに自動的に投稿が流れていくFacebookと違い、ブログは自発的に読みにきてもらうメディアなので、**自分の想いやビジョンを長文で伝えたいとき**にぴったり。

オウンドメディアのいいところは、なんといっても自分のサイトであること。発信する文章から写真、動画、サイトのデザインに至るまで、自分のブランドイメージに合わせてプロデュースできます。長文記事をはじめ、SNSで公開しにくい限定コンテンツやファンのかたに向けた情報などをアップするのに適しています。

③ブランディング・販促ツール（名刺、パンフレット、ダイレクトメール、チラシなど）

名刺やパンフレットは、はじめて会った人や興味を持ってくれた人に自己紹介として必ずお渡しするもの。**相手の心に一瞬で刻まれるようなインパクトやオリジナリティ**を形にしています。

提供している商品やサービスの魅力を代弁してくれるのがこれらのツール。

知人やお世話になった人、一度お客さまになってくれた人にダイレクトメールや招待状を郵送したり、知人のお店や取引先のオフィス、許可がおりれば公共スペースや商業施設など、理想のファンが立ち寄りそうな場所にツールを置いてもらうのも効果的です。

④イベント（セミナー、展示会、交流会、お試しレッスンなど）

一度に大勢の人と出会うなら、自分の仕事とマッチするイベントに参加するのがおすすめ。ウェブやSNSで探せば、気軽に参加できるイベントの情報がたくさん紹介されています。

一参加者として訪れても、お手伝いで運営側にまわっても、自分に興味を持ってくれるファンや協力者とのいい出会いがあると思います。

すでにあるイベントに参加するだけでなく、**自分で開催してしまうという手**もあります。ハンドメイド作品や販売している商品の展示会を開いたり、オリジナルのセミナーを開いたり。**すでに集客力を持っているかたとコラボするのも、上手な方法**です。

またイベントなどで出会ったかたと交換した大量の名刺は、名刺管理アプリの

『Eight』を使って管理しています。名刺をスマートフォンのカメラで撮影するだけで、自動的にデータ化してくれるアプリ。名前や会社名などで検索するとすぐに名刺が見つかるので、とても重宝しています。

⑤メディアの取材（ウェブ、雑誌、テレビなど）

ちょっとハードルが高いと感じるかもしれませんが、影響力のある方法がこれ。第三者が自分を客観的にＰＲしてくれるので、自ら発信するときとはまた違った印象を世の中に与えてくれます。

新商品や新サービスができるときはプレスリリースを送付したり、予算に余裕があればＰＲ会社などにお願いするのも手。

また、自分の仕事やブランドを磨き、常に「このテーマといったらこの人」といろいろなかたに思い出してもらえるように努力する必要があります。

私の場合は「女性のこと」や「女性のキャリア」のことなら猪熊さん、と思い出してもらえることで、メディアに取材してもらえる機会が増えてきました。

⑥広告（ウェブ広告、雑誌広告、フリーペーパーなど）

予算に余裕があるときは、広告を打つことも。**自力ではなかなかアプローチができない層と、効率的に接点を持つ**ことができます。

ウェブであれば、ユーザーが検索したキーワードに連動して表示させるリスティング広告（検索連動型広告）、細かく定めたターゲットにピンポイントで広告を表示させることができ、さらに数百円単位からでも広告を出すことができるFacebook広告など。特定の人に発信する場合は、読者層が限定された雑誌や地域のフリーペーパーなども効果的です。

⑦紹介してもらう！

最後は、なんとアナログですが、実はいちばん信用できる方法。

ポイントは、だれかれかまわず「紹介してください！」と言ってまわるのではなく、「**自分がなにをやりたいのか**」ということをきちんと言葉にして伝えていくことが大切。

目標を想い描き、紙に書いた人の達成率は50％。紙に書いてさらに、他人にシェア

（共有）した人の達成率は75％とも言われています（『選択の科学』シーナ・アイエンガーより）。

やりたいことや想いを自分の言葉で伝えていくことで、相手もどんな人を紹介すれば、お互いにとってハッピーかということを考えやすくなります。一緒に仕事ができるようなビジネスパートナーや、自分にとって大切なメンターのような存在のかたとも出会える可能性が高くなるでしょう。

「和」を大切にしながら、自分の「あるがまま」を貫く

だれかとコミュニケーションをとるときや、情報を発信するときに気をつけていることがあります。

それは「**和がまま**」であること。まわりの人を振りまわす、自分勝手なワガママではありません（笑）。

〝和〟は「互いに相手を大切にし、協力し合う関係にあること」という意味。

1000人のファンは、ある意味1000人の「**和＝コミュニティ**」でもあります。

1000人という数の和を大切にするためには、**お互いが相手を大切にし合えるコミュニティ**をつくる必要があります。

女子未来大学でも、お互いが学び合い、お互いが自助自立的に成長させ合うことができるコミュニティを目指しています。

また、共感力が高い女性で、「空気を読み過ぎてしまって、自分を出せない」というかたも多いのではないでしょうか。**私らしく生きるとは自分に素直に生きる**こと。「私らしさ」を見つけて表現できるようになっていくことで、コミュニティや社会に対して自分をもっといかせるようになります。

なにかを発信するときのポイントは、この**「和」を大切にする思いやりも、「あるがまま」を貫く凛とした意志も、その両方をバランスよく持つ**ことにあると思っています。

そうすることで、押しつけではなく、自然とファンになってくれるような人たちの「和＝コミュニティ」も大きくなっていくのです。

02

守る

いちばんの近道は「シェア」
だれでもファンは1000人に増やせる

10人に広めてくれそうな10人をファンに

「1000人」って、いったいどれくらいの人数なのでしょうか。

従業員が1000人いる会社は立派な大企業。生徒が1000人いる学校は、マンモス校と呼ばれる規模。そこにいる人たちが全員自分のファンになってくれることを想像してみると、なんだかすごくスケールの大きい話のように思えます。

確かに、一人ひとり地道にファンを増やしていくとなると、なかなか難しいかもしれません。でも、私が意識していた方法を実践すれば、1000人という目標がグッと身近になるはず！

まずは、本当の意味で商品やサービスの熱狂的なファンになってくれる、**コアなファ**

ンを10人つくるところからはじめます。本当に心から好きなサービスや、自分が使っていてうれしくなるような商品なら、家族や友人にも「教えてあげたい!」という気持ちになることはありませんか?

「他の人にもおすすめしたい!」というくらい、商品やサービスを愛してくれるようなコアなファンは、ファンでもあり「**アンバサダー(商品やサービスの魅力を伝える大使のような人)**」でもあります。

10人のコアなファン=アンバサダーが、「この商品、素敵だからおすすめだよ!」「あのサロンすごくよかったから行ってみて!」と言って、まわりの友人や知り合いなど、10人ずつに紹介してくれたらどうでしょう。

自分の商品・サービスや想いに共感してくれそうな人を自然と増やしていくような仕組みや価値をつくっていくことがポイントです。

10人が10人ずつファンを集めてきてくれれば、一気に100人集まります。その100人がさらに知り合いを紹介してくれれば、1000人到達も十分可能に。

そのためには、商品やサービスの価値をきちんと磨きつづけるのはもちろんのこと、知り合いやお友達に紹介しやすいような、紹介のサービス特典や、友達と一緒ならお得になる友達割引などのキャンペーンを設定するのもいいでしょう。

また、ＳＮＳで発信しやすいフォトジェニックな（写真写りがいい）スポットを設けたり、一緒にファンのかたと写真を撮ることで、商品やサービスを紹介してもらいやすくなることもあります。

ファン一人ひとりの**「シェア力」を味方につける**。これがファンを増やす近道なのです。

シェアしてもらいやすい商品・サービスの6原則

クチコミ・マーケティングの権威と呼ばれているアメリカのジョーナ・バーガー氏によれば、「クチコミが生まれる6原則」は次の通り。商品やサービスの戦略として取り入れてみる価値ありです。

①ソーシャル・カレンシー

直訳すると「社会的通貨」で、ソーシャルメディアにおける影響力のこと。

ひらたくいうと、その商品やサービスを話題にすることで「いいね！」がたくさんもらえるかどうか。たとえば、斬新な商品やレアな商品を見つけると、「みんなに教えて驚かせたい！」という気持ちが生まれますよね。

話題にすることで「おもしろい」「素敵」と思われそうな商品やサービスであれば、人はシェアをしてくれやすくなります。

②トリガー

思い浮かべるきっかけが多くあればあるほど、その商品やサービスはクチコミされやすい、という理論。よく挙げられる例でいえば、アメリカの歌手レベッカ・ブラックさんの「Friday」という曲は、YouTubeでの動画再生回数が金曜日になると伸びるのだとか。

生活のなかに転がっているさまざまな物事に着目して、商品・サービス名、キャッチコピー、ロゴマーク、マスコットキャラクターなどを工夫してみるといいかもしれません。

③エモーション

感情をかき立てられると、思わずだれかに話したくなります。「すごい」「楽しい」といったポジティブな感情の場合もあれば、「腹が立つ」「不安」といったネガティブな感情の場合も。

ネガティブな感情のシェアから話題沸騰につながった商品・サービスもありますが、リスクが伴うため、基本的には感動や興奮などのポジティブな感情をかき立てる工夫をするのがベストだと思います。

④パブリック

ある芸能人の私物がメディアで紹介されて以来、そのブランドがブームに……なんてことは、よくありますよね。商品が大勢の人の目に触れると、それを取り入れる人が出てきます。

重要なのは、商品やサービスを**いかにパブリック（公衆）に露出させる**か。メディアへの広報戦略もそのひとつですし、手軽なところでいえば、メールの文末につける署名に商品名やキャッチコピーを載せておくだけでも、多くの人の目に触れる機会が生まれます。

インパクトのあるロゴマークやキャラクターを使った、街で持ち歩けるようなノベルティを配るという方法も、宣伝効果が見込めます。

⑤プラクティカル・バリュー

これは「情報の実用的な価値」という意味。サロンに行ってマッサージを受けただけなら、特にだれかに話そうとは思わないかもしれませんが、効果抜群のセルフマッサージ方法を教えてもらったら？　相手のためになる情報として、だれかに話したい気持ちが高まるのではないでしょうか。数量限定や期間限定、割引などの情報も、シェアにつながる実用的な価値といえます。

⑥ストーリー

自身のコンプレックスがきっかけで生まれた商品なら、そのエピソードを添える。商品を買ったことでうれしい変化のあったお客さまがいるなら、その体験談を商品に添える。**人は背景にある物語**に価値を感じ、だれかにシェアしたくなります。

クチコミが生まれる商品・サービスの6原則

自分の商品やサービスと照らし合わせてみましょう。いくつあてはまりますか？

①ソーシャル・カレンシー（Social Currency）

話題に取り上げたときに、話し手が「すごい」「おもしろい」「素敵」と思われるかどうか

②トリガー（Triggers）

思い浮かべるきっかけがあるかどうか

③エモーション（Emotion）

「すごい」「楽しい」（ポジティブ）「腹が立つ」「不安」（ネガティブ）などの感情をかき立てられるかどうか

④パブリック（Public）

多くの人の目に触れているかどうか

⑤プラクティカル・バリュー（Practical Value）

情報の受け手にとって、「役に立つ」「お得」などの実用的な価値があるかどうか

⑥ストーリー（Stories）

背景に物語があるかどうか

03

捨てる

商品は売り込まない

自然に惹きつけられるコンテンツをつくる

商品は売り込むのではなく、見つけてもらう

自分の想いを発信してファンをつくっていく、発信型集客。専門用語ではインバウンドマーケティングや、コンテンツマーケティングと呼ばれています。

ひと昔前までは、訪問営業やテレアポ、CM、広告など、こちらから商品を売り込むタイプのマーケティングが主流でした。

でも、ほしい情報があれば自分でネットでなんでも調べられるいまの時代。売り込むよりも、魅力的なコンテンツで読者を惹きつける方法のほうが、商品やサービスの購入につながりやすくなっています。

そこでまず大事になるのが、自分のコンテンツ（ウェブサイト・SNS・ブログ・

サンクチュアリ出版＝本を読まない人のための出版社

はじめまして。
サンクチュアリ出版 広報部の岩田です。
「本を読まない人のための出版社」…って、なんだソレ！って
思いました？ ありがとうございます。
今から少しだけ自己紹介をさせて下さい。

今、本屋さんに行かない人たちが増えています。
ゲームにアニメ、LINEにfacebook…。
本屋さんに行かなくても、楽しめることはいっぱいあります。

でも、私たちは
「本には人生を変えてしまうほどのすごい力がある。」
そう信じています。

ふと立ち寄った本屋さんで運命の1冊に出会ってしまった時。
衝撃だとか感動だとか、そんな言葉じゃとても表現しきれない程、泣き出しそうな、叫び出しそうな、とんでもない喜びがあります。

この感覚を、ふだん本を読まない人にも
読む楽しさを忘れちゃった人にもいっぱい
味わって欲しい。
だから、私たちは他の出版社がやらない
自分たちだけのやり方で、時間と手間と
愛情をたくさん掛けながら、本を読む
ことの楽しさを伝えていけたらいいなと思っています。

動画など）をどう見つけてもらうか。
発信するための記事を書くときに意識してほしいのは、「キーワード」です。

検索キーワードから記事コンテンツをつくる

数あるウェブサイトのなかから、自分のウェブサイトやブログに訪問してもらう秘訣。それは、**検索エンジンにヒットさせること！**

たとえば自分が英会話講師だとしたら。ファンになってくれる可能性のある人たちは、どんな検索キーワードで情報を集めようとするでしょうか？

「英会話」「英語」「レッスン」「マンツーマン」「東京（地名）」などが考えられます。それらのキーワードを記事に盛り込み、検索結果に出やすくするのが、ウェブの訪問者を増やす基本。

「英会話」「レッスン」といったありふれたキーワードは、ライバルも多くなります。高い広告費をかけている大手英会話スクールなどを差しおいて、上位の検索結果を勝ち取るのは、ちょっと難しそうですよね。専門的にはSEO対策の知識が必要で、その専門のサービスを提供している企業が数多くあるほど。

ありふれたキーワードだけでは検索結果の上位に表示されることが難しくても、**自分の強みや理想のファンをふまえて、特徴的なキーワードを考えること**。たとえば「英会話」×「主婦」、「英会話」×「洋楽」、「英会話」×「接客業」などです。

キーワードを選んだら、それに沿って記事をつくります。「主婦が家事の合間にできる英会話勉強法」「海外のお客さまが来ても安心！　接客業でよく使う英会話10選」など、検索する人がなにを求めていて、どんな情報があれば役に立つか、とことん想像して内容を考えるのがコツ！

キーワードがどれだけ検索されているかを調べられる「Google Adwords」や、キーワードと一緒に検索されることが多いワード（サジェストキーワード）を調べられる「goodkeyword」などのサービスも便利です。

コンテンツを見てくれた人とつながる

コンテンツは、見られて終わりではありません。そこから商品を買ってもらったり、継続的なお客さまになってもらったりして、最終的に「ファンになってもらう」ことが重要です。

まずは、コンテンツを見てくれた人とつながりを持つことが大事。

無料メルマガや無料サンプルの登録フォームを用意しておく、会員登録すると特典が受けられるようなサービスをつくっておくなどです。

ブログの読者登録、ＳＮＳのフォロー、YouTubeチャンネルへの登録などでもOK。女子未来大学もウェブサイトのリニューアルのときに、無料メルマガ登録ができるフォームをウェブサイトの目立つところに設置しました。そのおかげで、広告をかけなくても、日々メルマガ登録をしてくださるかたが増えました。

一度つながりをつくっておくと、こちらから**継続的に情報を発信したり、反対に相手の声をキャッチしたりすることが可能**に。細かなニーズがわかれば、より役に立つ情報をベストなタイミングで届けることも、求められている商品を用意することもできるようになります。

定期的な効果チェックで、着実にファンを増やす

「コンテンツはきちんと見られてる？」「ファンは増えてる？」など、気になる効果は数字でチェック！　細かくデータを調べておくと、どこを改善すればいいかが一目瞭然です。

◎サイト全体の訪問数

サイトに訪問されたのべ回数がわかります。また、ユニークユーザー数をチェックすれば、訪問人数までわかります。

◎ページごとのＰＶ数

コンテンツを掲載しているページごとのＰＶ数で、多く見られているコンテンツとそうでないコンテンツがわかります。

◎ページごとの滞在時間

コンテンツを掲載しているページの表示時間で、どのくらい興味を持って見られて

いるかがわかります。

◎「いいね！」やコメントの数

コンテンツの人気度や、読み手に与えるインパクトの大きさがわかります。

◎コメントの内容

コンテンツに対するリアルな声がわかります。

◎シェア数

ＳＮＳでシェアされた数や、「いいね！」やコメントの数で、コンテンツの人気度がわかります。

◎フォロワー数

商品・サービス・ブランド・会社など、全体の認知度や人気度がわかります。

◎メルマガや会員登録、問い合わせの数

コンテンツを通じて実際に行動を起こした人の数がわかります。

◎購入・申込み・予約などの数

コンテンツを通じて「お客さま」になってくれた人の数がわかります。サイトやコンテンツを見た人のうち、何割が購入に至っているかもチェック！

04

守る

SNSは使いわけがカギ

最低限これだけはやっておきたい

SNSを使いこなして、集客力アップ!

手軽さナンバーワンのSNS、うまく使いこなしていますか?

毎日使うことでだいぶ慣れてきた私ですが、最初は仕組みがよくわからなかったり、機能をいかしきれなかったりしていました。

ここでは、私がメインで使っているFacebookとInstagramを例に、最低限おさえておくべきコツを紹介します。

ほんのひと手間で、ファンの人数が一気に増えたこともあるので、あなどってはいけません!

Facebookで確実にファンを増やす

◎個人アカウントとは別にFacebookページを作成する

ファンを増やすためのツールとしては、Facebookページがもっとも便利で効果的。自分のプライベートのアカウントとは別に、会社やショップのFacebookページを用意しましょう。「Facebookページを作成」というページにアクセスして手順どおりに進めば、すぐに開設できます。

◎個人アカウントでつながっている友達に招待を送る

すでに個人アカウントでつながっている友達に対し、「『いいね！』を押してくださーい！」という招待を送ることができます。友達全員に一括で送ることも、選択して送ることも可能。

全員に送るのは気が引けるなら、ファンになってもらえそうな友達や、紹介が期待できそうな友達だけにピンポイントで送ってもいいと思います。

◎自分のタイムラインに、Facebookページのシェアする

「Facebookページをオープンしましたよ！」というお知らせを自分のタイムラインにポストすれば、招待を送って終わりというよりも効果的です。

◎ヘッダー画像、プロフィール画像、トップの説明文にこだわる

Facebookページに訪れた人がまず目にするのは、いちばん上に表示されるヘッダー画像、小窓に表示されるプロフィール画像、そしてその下に表示される説明文。ページの目的やテーマ、雰囲気などを伝える、いわばページの「顔」になる部分です。会社やショップ、ブランドのコンセプトに沿って、クオリティの高い画像とシンプルでわかりやすい説明文を登録しましょう。

ちなみに女子未来大学のヘッダー画像は、デザイナーさんにお願いしてつくってもらったオリジナル。受講してくれる女性たちが好きそうなものや、「学び」を想起しそうな素材を組み合わせて作成してもらいました。

◎投稿するときは画像を入れる

心理学では、文字よりも画像のほうが認識しやすく、記憶に残りやすいとされています。私も投稿するときは、文章やURLだけでなく、できるだけ投稿内容に関連する目を引くような画像を一緒に入れています。

◎イベントなどで出会った人と継続的につながる

友達申請でつながったあとに大切なのが、「友達リスト」を編集して、カテゴリーやどんな興味のあるかたなのかをリストにわけておくこと。友達が増えてくると「いつどこで出会ったどんな人か」わからなくなってしまうときがあります。

私の場合、女子未来大学で出会ったかたは「女子未来大学」のリストにわけておくことで、いっせいにイベントの招待を送ることができます。

◎有料のFacebook広告を打つ

「Facebookページの『いいね！』をもっと増やしたい」「自分のオンラインストアのアクセスを増やしたい」など、目的によって14種類（2016年10月現在）の広告から選ぶことができます。自分で予算を設定できるようになっていて、1日数百円から設定できるのでお手軽です。

◎管理者ページでユーザーの反応を分析する

Facebookページの管理者ページでは、ユーザーの反応がいい投稿の内容やタイプ、パソコン・スマホなどの閲覧環境、閲覧時間などを細かくチェックできます。

反応がよかった投稿の傾向を知って内容を工夫したり、多く見られている時間帯に合わせて投稿したり、少しの戦略で反応が変わるので必ずチェックしています。

Instagramでビジュアルアピール

◎画像をひと手間でおしゃれにアレンジ

新商品やショップの雰囲気、ブランドイメージを伝えるなら、画像の加工にこだわりましょう。Instagramのアプリ上でもおしゃれな加工が簡単にできますが、私のおすすめの加工アプリは『Adobe Photoshop Express』。明るさの調整や色味の加工、画像をトリミングするなど、少しの手間でワンランク上の画像に仕上がります。「画像はどうやって加工しているんですか？」と聞かれることがよくあるのですが、スマートフォンのアプリで加工しているとお伝えすると、たいてい驚かれます！

◎ファンが興味を持ちそうなワードをハッシュタグにする

たとえば「#アクセサリー」と書いて投稿すると、同じように「#アクセサリー」というハッシュタグをつけた他の人たちの画像と一緒に、別のページで一覧表示されます。自分のアカウントをフォローしていない人にも広く発信したいときは、どんなワードなら興味を持ってもらえるか想像してハッシュタグをつけましょう。

◎ハッシュタグは日本語と英語で書く

ビジュアルは世界共通のコミュニケーションツール。海外にもファンを増やしたいなら、「#アクセサリー」「#accessory」「#accessories」などと日本語と英語のハッシュタグをつけるのがおすすめ。海外のユーザーに見てもらえる可能性がグッと高まります。よく使うハッシュタグはまとめて、携帯電話のメモなどに保存しておくと便利。

たとえば、私はよく着物の写真をアップするので、着物に関するハッシュタグで英語と日本語のものをメモにまとめてそこからコピーしています。

◎同じハッシュタグをつけている人の画像に「いいね!」を押す

自分と同じハッシュタグをつけている人は、興味のあるジャンルも似ている傾向にあります。画像を見て素敵だなと思う写真があったら、知らない人でも「いいね!」を押してみましょう。そうすると、「いいね!」を返してくれたり、「フォロバ(フォローバック)」をしてくれたりします。またスポット(場所)で検索して、同じ場所で投稿しているかたの写真も見て「いいね!」を押すのもおすすめです。

◎オンラインストアなどのURLはプロフィールページに載せる

Facebookと違ってInstagramは、投稿内の文章にURLを入れてもリンクで飛ばすことができません(2016年10月現在)。自分のサイトに誘導したいときは、プロフィールページにURLを載せて、投稿には「詳しくはプロフィールページのURLからチェック!」などの文言を入れるようにします。

05

守る

読者が増えるふたつのマストポイント

ブログは「鮮度」と「読みごたえ」が肝心

ブログ歴10年以上の私が思う、ブログの魅力

ブログには「リアルタイムで更新できる」「情報を大量発信できる」「過去の情報を蓄積できる」「検索エンジンでヒットしやすい」といった特徴があり、ファンを増やすには効果的なツールだと思っています。

ブログをはじめたら、当面の目標は**読者を増やすこと**。

読者が増えれば、自分の想いを手軽に発信できたり、商品やサービスのサイトに誘導したり、無料メルマガ会員になってもらったり、実際の集客にもつなげることができます。

読者を増やすにはまず、ファンになってもらえそうな人のブログを検索し、こちら

から「読者登録」を申請してみるのもおすすめ。相手が自分のブログにも興味を持ってくれる可能性が高まります。

ブログ記事はこの2パターンで書く！

◎「最新情報」をリアルタイムで更新する

ウェブサイトだと内容を頻繁に更新しにくい場合がありますが、ブログなら簡単。最新の情報をいち早く載せられます。

新商品や季節限定メニュー、キャンペーン、イベント、店舗移転・リニューアル、メディア掲載などの最新情報は、リアルタイムで更新！　私の場合は、女子未来大学の授業のお知らせや、プロデュースした商品の発売のお知らせなどですね。

また、「ネイリスト○○の今日のネイルをご紹介♪」「今日のレッスンでいただいた質問はこちら！」など、ちょっとした（でも読者の役に立つ）情報を日替わりで発信していくのも◎。

定期的に更新できるようなシリーズもののネタをいくつか考えておけば、記事の内容に毎回頭を悩ませることもありません。

◎たまには「読みもの」で読者の心を動かす

ブログは、長文を書くのにも向いているメディア。

記事を読みたくて訪れる自発的な読者がメインなので、少しくらい長くてもじっくり読んでもらえる可能性が高いのです。

自分がこの仕事をはじめたきっかけ、商品に込めたストーリー、ファンからいただいたうれしい声や考えさせられる意見など、素顔がわかるエピソードを思いきって発信してみましょう。

また、仕事のことだけでなく、プライベートのことや、サービスとは直接関係なくても読者のかたに役に立ちそうな情報を発信するのも、ファンをつくるうえで大切なこと。

記事に共感し、一読者からファンになってくれる人がきっとあらわれるはずです。

私も、女性の生きかたについて考えていること、感銘を受けた言葉や体験、ファッションのこと、美容のことなどを、思うままに綴ることがよくあります。

トップ画像は商品・店内・自分がマスト

ブログのトップ画像やプロフィール画像は、訪れてくれた人に渡す名刺の代わりのようなものです。

無料の素材や、自分の仕事とは関係のない写真などは使わず、商品やサービスがひと目でわかるクオリティの高い画像を載せるのが◎！

商品であれば、ブランドのテイストが伝わりやすい商品や人気商品。ただ並べて撮るのではなく、背景や什器にもこだわります。

サロンや飲食店なら、店内の雰囲気やインテリアや広さがわかるようなカットを。アットホームさや所属スタッフが売りなら、スタッフの顔がわかる画像も素敵です。

講師や経営者など、自分自身が顔となってサービスを提供する仕事の場合は、「どんな人に思われたいか」を考えて、イメージに合った自分の画像をチョイス。私は、**「私らしさ」や意志の強さが伝わるような画像**を、加工して使っています。

06

捨てる

ひとりよがりはNG！自分をよく見せようとしない

ひとりよがりの発信はストップ！

SNSやブログで情報を発信するときに、気をつけていることがあります。それは「ひとりよがりにならない」ということ。

自分をできるだけ魅力的に見せたいと思うかもしれません。でも、そう思うあまり、ただのポエムや自慢のような記事になっては、ファンが離れていってしまいます。

私が特にやらないようにしているのは、**反感を買いやすい承認欲求が強過ぎる言動**。承認欲求とは、「すごいと思われたい」「かわいいと思われたい」など、**だれかから自分を認めてほしいという思い**のこと。

たとえば、「旦那に買ってもらっちゃった♡」とエルメスのバーキンをSNSにアップした人がいたら。これがセレブ層を対象にしたセミナー講師であれば、問題ないかもしれません。「セレブの私」という、仕事に必要なブランディングができているからです。

でも、そうではない人が同じ投稿をしていたら？　たまにならいいですが、ことあるごとにセレブ感満載の投稿をしていたら、「自慢したいだけなのかな……」と思われてもしかたありません。

なにかを発信するときは、投稿する前にひと呼吸おいて、「それを見た人がどう思うか」を客観的にチェック。ファンが望んでいる情報なのか、自分の承認欲求を満たしたいだけなのか、きちんと見極めるようにしています。

自分のなかで**「これはしない」といったルールを決めておく**と、必要以上に悩まずに済みますよ！

情報をプレゼントするための5ステップ

私が心がけているのは、「情報をプレゼントする」という気持ちを持つこと。まずは**「相手の立場に立つこと」**を意識しています。

ためになる情報を発信している人には、人が集まり、情報が集まります。自分がプレゼントした情報がファンの喜びや成長につながれば、そのファンは新たなファンを呼び寄せてくれたり、思ってもみなかったチャンスを運んできてくれたりする。そのグッドスパイラルを手にすれば、ファンはどんどん増えていきます。

情報をプレゼントするために私がやっているのは、次の5ステップ。

①テーマを決める

まず考えるのは、**「私がプレゼントできるのはどんな情報だろう？」**ということ。特定の分野に関する知識やノウハウ、自分が持っている哲学やセンス、これまでの経験やエピソード……。ファンが知りたいことや興味のあること、知っていて役に立つことなどを考え、テーマを決めます。

「なにか発信をしていかなくては！」と思っても書けない場合は、**テーマが絞れていないということ**。テーマを絞らないと、思考を働かせることができないので、まずは「今回はなにについて発信するか」を決めましょう。

②トピックを選ぶ

たとえば、スタイリストが自分のセンスをいかし、情報を発信するとき。「おすすめコーディネート」をトピックにしてしまうと、書ける内容の幅が広過ぎて苦戦します。

ポイントは、**幅広いテーマをひとつずつ掘り下げていくこと**。「おすすめコーディネート」→「秋のおすすめコーディネート」→「秋のトレンドカラーを使ったおすすめコーディネート」といったイメージです。

③書く目的を決める

この情報をプレゼントすることで**どうなったらうれしいか、どんなふうにファンの役に立ちたいか**、目的を考えます。

「私のストレス発散法を知ってもらって、同じ子育て中のママたちの心の負担を減らしたい」「英語を猛勉強中であることをアピールして、いずれは海外で働きたい人からのキャリアカウンセリングも受けられるようになりたい」など、できるだけ具体的な言葉で考えてみるのがおすすめ。

「共感のコミュニケーション」を意識するのも◎。

書く目的を「ファンのみなさんと今日自分が学んだことをシェアする」と決めて、勉強会や人から教えてもらった有益な情報や、おもしろかった学びなどを共有していくのもいいと思います。

あなたの商品やサービスを気に入ってくれているファンのみなさんとなら、興味関心の分野が近く、自分が学んだことがファンのかたの学びや成長にもつながって**共感の連鎖が生まれる**ことがあるからです。

④読者を理解する

読者はどんな人か、そのトピックについてどれくらい知っているか、誤解していることはあるか、本音はどこにあるか。読者、つまり情報を届けたいファンの実態を知り、文章のトーンや書きかた、書く範囲を決めます。

読者との関係性も、文章を左右する重要な要素。生徒さんに向けた記事なら、実際に教室で教えるように相手に寄り添ったわかりやすい文章を心がけ、実際に会ったことのない人なら、あなたの人柄が伝わる言葉選びを意識する、といった感じです。

⑤ホットボタンを押す

ホットボタンとは、人の心を動かすポイントのこと。いくら論理的で筋の通ったことを言っていても、相手の心が動かなければその情報はただの文字にすぎません。

私もブログなどを書いていてたまに「説明っぽいなぁ……」と思うことがありますが、そういうときはたいてい、自信がないとき。発信する内容に自信が持てないあまり、必要以上に言葉を並べて取り繕ってしまうのだと思います。

「かわいい！」「おもしろそう！」「ほしい！」「素敵！」など、素直な感情の反応を引き起こすような伝えかたができているのが理想。そのためにも、自分自身の感情をオープンにして、人間らしさやあたたかさが伝わるように意識しています。

自分が「いいな」と感じる文章や素敵な文章を書いている人を研究してみるのも手。言葉の使いかたや言いまわし、改行のタイミング、空白のつくりかたなど、細かいところまで参考にしてみると、心を動かす文章の書きかたがだんだん身についていきますよ！

ファンに情報をプレゼントするための5ステップ

① テーマを決める

■自分の仕事・商品・サービスに関連する知識（業界、市場、商品、技術など）
■自分の仕事・商品・サービスに関連するノウハウ（マーケティングの方法、英語を話せるようになるコツ、セルフネイルで失敗しない裏ワザなど）
■それ以外の個人的な関心ごと（いま勉強していること、課題に感じていることなど）
■自分の思い・価値観・哲学（いまの仕事で実現したいこと、仕事観、人生観など）
■自分の経験・エピソード（いまの仕事をはじめたきっかけ、最近考えさせられたこと、ファンからもらった言葉など）

② トピックを選ぶ

■大きなテーマから小さなトピックへ掘り下げていく
ex.「おすすめコーディネート」→「秋のおすすめコーディネート」→「秋のトレンドカラーを使ったおすすめコーディネート」

③ 書く目的を決める

■読者になにかを教える
■読者になにかを感じてもらう
■読者に課題を認識してもらう
■読者のイメージや価値観を変える
→最終的には、どんなふうに読者の役に立ちたいか?

④ 読者を理解する

■読者の属性（プロフィール、この記事を読むシチュエーションなど）
■トピックについて知っている範囲
■トピックへのイメージや誤解していること
■読者の本音
■自分との関係性

⑤ ホットボタンを押す

■「かわいい！」「おもしろそう！」「ほしい！」「素敵！」など、素直な感情を引き出す文章になっているか?（言葉づかい、言いまわし、漢字とひらがなのバランス、改行、空白、絵文字、文章量など）
■素直な感情を引き出す画像を使っているか?

07

捨てる

上手に書こうとしない

気持ちが伝わる文章術

文章を「うまく」書く必要はない！

自分で仕事をはじめてびっくりしたことのひとつ。それは、「文章を書く機会がすごく多い！」ということ。文章を書くことは昔から好きなほうでしたが、自分の伝えたいことをきちんと伝えるのって難しい！

でも、だんだんわかってきたことがあります。

上手な文章を書こうとする必要はまったくないということ。**読む人の立場に立って、丁寧に言葉を綴っていけば、自然と「いい文章」になる**のです。

読者への思いやりを忘れない文章を書くために、私はいくつかのチェックポイントを設けています。

ブログやSNSで心がけているふたつのポイント

①読んでもらえる？

読者が検索してたどり着くブログやウェブサイトの場合、まず心がけているのは、**クリックしたくなるタイトル**をつけること。**記事を読むことでだれにどんなメリットがあるか**を、コンパクトに伝えます。

たとえば、メイクについて調べているとき。「チークの入れかたを紹介！」というタイトルより、「位置を数ミリ変えるだけ！　小顔に見えるチークの入れかた」と書いてあったほうが、内容が気になりませんか？

記事そのものにも、先を読みたくなる工夫が必要です。特に意識しているのは1行目。**なるべく短い、意外性のある文章ではじめる**ようにしています。

SNSの場合は、ブログでいう記事タイトルのようなものを1行目に書くと◎。**【】や■などの記号を使って目立たせ**、なんの記事かを明確にします。

②伝えたいことがきちんと伝わる？

書いているうちにいろいろな情報を盛り込みたくなり、テーマがブレてくることがあります。

そうなりそうなときは、書きはじめる前に「ターゲット」「テーマ（タイトル）」「書きたい内容」を箇条書きで書き出すようにしています。情報が盛りだくさんになってしまったら、潔く削って別の記事へ。

自分の文章が読みにくいと感じたら、**1文が長くなっていないかチェックします。**1文で伝えることは、基本的にひとつだけ。ひとつの文章のなかに読点（、）が3つ以上あったら要注意です。

スマートフォンからでも読みやすいように**改行を多く使う、強調したい文章を太字・色・カッコなどで目立たせる**、といった小ワザもよく使います。

メルマガやチラシ、イベントページなどで心がけている3つのポイント

①メリットが最速で伝わる？

メルマガやチラシ、イベントページなどを見た人が、タイミングよくその商品を買いたいとかそのイベントに行きたいと思っているとは限りません。ひと目で「自分には必要ない」と思われてしまえば、その先を読んでもらえることはもうありません。

読み手にとってのメリットが最速で伝わるかどうか。これがいちばん大事なポイント。キャッチコピーや見出しなど、最初に目に入る文章にはとことんこだわります。

割引やキャンペーンなどのお得情報は、メリットとしてわかりやすい例。「○○賞受賞」「テレビ番組○○で紹介された」などの実績を書くパターンや、「夜○時まで営業」「子ども連れOK」などターゲットにピンポイントで響く情報を書くパターンも効果的です。

また「あなたのための商品・サービスですよ」ということがわかりやすいことも重

要。

女子未来大学では、すべての授業において告知ページに「こんな人におすすめ」というターゲットの例を書くようにしています。「30歳が近づいて仕事とプライベートのバランスに悩んでいるかた」「自分のやりたいことがわからずモヤモヤしているかた」など、いくつかの例を書くことで「あ！　まさに私のことだ！」と授業に来てもらいやすくなります。

②不安を解消できている？

購入や予約などの具体的なアクションを起こしてもらうには、不安を解消して背中を押すことが大切。**読み手が抱きそうな不安や疑問があれば、先まわりして答えておくようにします。**

たとえば、料金のこと。金額を明示するのはもちろん、予約金やキャンセル料、会員登録料など、発生し得るお金についてはきちんと記載しておくことが大切です。

自分のプロフィールやコメント、Q&Aコーナー、ファンのクチコミなどを掲載するのも、不安解消に効果的です。

「いますぐご予約ください！」「買わなきゃ損！」など、読み手が「売り込まれてるな……」と感じる言葉は使わないようにしています。

③買うための方法を明記している？

電話なのかメールなのか、専用のフォームがあるのか、購入や予約をするために必要な手段はきちんと明記します。**最後にお客さまにしてほしいアクションを明確にする**ことは、大切なことなのに意外と忘れがちです。

購入や予約までのプロセスは簡単であればあるほど理想。

読み手の実際の行動をシミュレーションしながら、予約・購入までのプロセスをわかりやすく書いたり、ワンクリックで電話番号やフォームに飛べるようにしたり、読み手に手間がかからない工夫をすることが大切です。

また、「お電話がつながりやすい時間帯は〇～〇時です」「お友達とのご予約も歓迎します」などのコメントを添えるだけで、読み手の安心感はアップ！

事務的な文章よりも好感が持てますよね。

08

捨てる

「自分は正しい」と考えない ファンへの思いやりを忘れずに

「傲慢な私」が顔を出したら

ファンが少しずつ増えて、仕事が軌道に乗ってくると、「最近の私、ちょっとカッコいいかも♪」なんて思う瞬間が出てきます。SNSで大量の「いいね！」がついたり、メディアで紹介されたりすればなおさら。

がんばっている自分をカッコいいと思えるのは素敵なことだし、心地いい。でも、そんなときに顔を出しやすいのが「傲慢な私」です。

自分を支えてくれているファンをひとつのコミュニティと考えると、自分はそのコミュニティのリーダー。ただし、リーダーが「偉い」わけではありません。みんなで同じ目的に向かって進むための道筋を示す、**リーダーという「役割」を担っているだ**

け。

「応援してくれる人がこんなにいるんだから、私の考えかたは正しい」という思いが少しでも頭をよぎったら、視野が狭くなっているサイン。

信念を強く持って仕事をしていくからには、自分を信じてあげることは大事。ただし、まわりの声に耳を貸さずに自分を貫いてばかりいると、いつの間にかファンは離れていってしまいます。

ギブ&テイクできるリーダーになろう

リーダーとファンのベストな関係は、一方通行ではなく、ギブ&テイクだと思っています。リーダーがまずギブする（与える）のは、**商品やサービス、それに付随する体験価値、知識やノウハウ、憧れ、希望、ワクワク感**など。

それを受け取ったファンは、そこに価値を感じていればいるほど、なにかしらの形でお返しをしようとしてくれます。もう一度商品を買ってくれたり、定期的にお店に足を運んでくれたり、友達に紹介してくれたり、ＳＮＳでシェアしてくれたり……。

それを受けて、今度はリーダーが再びファンにお返しをします。商品やサービスをもっと磨いたり、リピーター向けのキャンペーンを実施したり、特典のある会員制度をつくったり。サービスに対する貴重な意見をいただいたなら、「あなたのご意見、とても参考になりました。ありがとうございます」と感謝の気持ちを伝え、サービスに積極的に反映していきます。

そんなふうにギブ&テイクが繰り返されていく関係は、コミュニティの絆をどんどん強くしてくれます。一方通行ではない、自分の存在を受け入れてくれているコミュニティだとわかれば、ファンのかたはもっとファンになってくれるはず。

その領域までいけば、ちょっとやそっとのことじゃその絆は壊れません。

ファンへの尊敬を忘れない

仕事をするときに心に留めておきたいと思うのが、『嫌われる勇気』という本で一躍有名になった「アドラー心理学」の考えかた。

自分以外の人の存在や考えを認め、敬い、前向きに生きていくためのヒントが詰まっている心理学で、最近では子育てや新人教育などさまざまなシーンで用いられています。

アドラー心理学のカギとなる概念のひとつが「**尊敬**」。

その考えかたは、ファンと向き合うときにも重要だと思っています。ファンがあなたを尊敬したり応援したりしてくれているのと同様に、あなたもファンをひとりの人として尊敬し、応援していくことが大切だと思うのです。

私はファンのかたとお会いしたとき、最後に「**いつでも応援しています**」と声をかけるようにしています。たとえ口にしなくても、「いつでも応援しています」という気持ちが伝わるような言動を心がけています。

セミナーの参加申込みメールや取引先からの挨拶メールには、事務的な内容に加えて、素直な気持ちを一言でも添えるようにしています。「はじめてのご参加、たいへんうれしいです」「私にできることがあればいつでもお声がけください」……。

商品を提供する人と買う人、先生と生徒、企業と取引先といった関係の前に、ひとりの人として向き合う姿勢を忘れないようにしたいですね。

09

守る

ファンのリアルな声と向き合う
愛されるリーダーの役割

ファンとの心の距離は、いまどれくらい？

私は仕事柄、ファンのかた一人ひとりと直接コミュニケーションをとる機会が多いほう。

女子未来大学では、参加してくださったかたの顔を見ながらお話ができますし、授業のあとに質問や感想を直接いただくこともよくあります。ＳＮＳやメールなどでコメントをいただけば、できる限り返信するようにしています。

でも、ファンと直接お会いすることのない仕事や、事業の規模が大きくなって一人ひとりと接することができない場合もありますよね。集客数や売上やリピート率などの数字とにらめっこするあまり、データからはわからないファンの本音を見過ごしてしまうことも。

「ファンとの距離が離れてきているかも……」と少しでも感じたら、私はふたつのことを意識するようにしています。

ひとつは、**「私らしさ」をオープンにすること**。

営業や恋愛のノウハウとしてよく用いられる、「開放性の法則」というものがあります。生い立ちや趣味、悩みなどのプライベートな側面に触れたとき、人はその相手に親しみを感じるという心理のこと。

SNSやブログでは、仕事のことだけでなくプライベートなことも発信するようにしています。趣味の着付けや旅行のこと、友人との楽しいひととき、うれしかったことや落ち込んでしまったこと……。

人間らしい等身大の自分をオープンにすると、いつもとは違った反応があったり、「実は私も……」と本音を打ち明けてもらえたり、ファンとの心の距離がグッと縮まるのを実感します。

もうひとつは、**自分からファンを知りにいくこと**。

ファンのなかに実際にどんな人がいて、商品やサービスについてどう感じているか。自分自身にどんな印象を持っているか。いまなにに悩んでいて、なにを実現したいと思っているか。

私の場合は、お会いする機会があったときに直接聞いています。言葉からはもちろん、表情や態度からよりリアルな本音を知ることができるから。

直接聞くのがためらわれるときや、お会いする機会がないときは、アンケートを記入してもらったり、あとでクチコミを書き込んでもらったりしてもいいと思います。

ＳＮＳやブログの読者に向けて、勉強会や交流会、食事会などのイベントを開くのもいいですね！

私はよくブログで行きつけのサロンを紹介したりするのですが、「猪熊さんのブログの読者さんがこの前来てくれましたよ」と直接お会いできなくてもサロンのかたを通して、どんなかたなのかを教えてもらうことも。

年代や服装、雰囲気などを詳しく聞いて、参考にしています。

ファンの声を商品・サービスに反映する

ファンの本音がわかったら、商品やサービスに積極的に反映していくことが大事。**ファンの要望や意見を取り入れてお返しすることで、さらに価値を感じてもらう**ことができます。まさにギブ&テイク。

ファンの声を商品やサービスに反映するときは、4つのポイントをおさえると改善がスムーズ。「①どのファンが」「②どの商品・サービスの」「③どの部分に」「④どう感じているか」です。

感想を直接聞く場合も、アンケート形式にする場合も、4つのポイントがわかるように質問のしかたを工夫するといいと思います。

ちなみに、「①どのファンが」にあたるファンの基本的なプロフィール(名前・年齢・性別・職業・来店履歴・支払い金額など)は、日頃からリスト化しておくと便利です。

クチコミ効果で、新たなファンを増やす

すでにその商品を愛用しているファンの声が紹介されていると、安心感があったり、「私も使ってみようかな」という気持ちになりやすいもの。

ファンに感想をいただいたなら、了承をとってウェブやパンフレットに載せるのがおすすめ。

できれば、お名前・年齢・職業・顔写真などのプロフィールを具体的に掲載するのが理想です。コメントの信頼性がグッとアップします！

女子未来大学でも同じ授業を再び開催するようなときは、前回の授業のコメントや感想をピックアップして、「前回の授業を受けたかたからこんな声をいただきました」と紹介したりしています。

商品・サービスに対するアンケート作成の例

「①どのファンが」「②どの商品・サービスの」「③どの部分に」「④どう感じているか」の４つのポイントをおさえましょう。

■お名前：　　　①どのファンが

■今回選んでいただいたコース：　　　②どの商品・サービスの
□ 3900 円定額コース　□ 5500 円定額コース
□ 6900 円定額コース　□ 10000 円つけ放題コース

■上記コースを選んでいただいた決め手はなんですか？：　　　③どの部分に
□予算に合っていたから　□デザインが気に入ったから
□すすめられたから　□なんとなく　□その他（　　　　　）

■価格に対するデザインの数はいかがでしたか？：　　　④どう感じているか
□豊富だと思う　□妥当だと思う
□少ないと思う（何種類くらいあるとベストですか？：　　　）

■気に入るデザインはありましたか？：
□３つ以上あった　□２つあった　□１つあった　□１つもなかった

■全体的なデザインの印象を教えてください。他にどんなデザインがあったらうれしいですか？：
（　　　　　　　　　　　　　　　　　　　　　）

■施術時間はいかがでしたか？：
□短い　□普通　□長い（どれくらいを希望されていますか？：　　　　）

■仕上がりはいかがですか？：
□とても満足　□満足　□普通　□不満　□とても不満
(理由をお聞かせください：　　　　　　　　　　)

■スタッフの対応はいかがでしたか？：
□とても満足　□満足　□普通　□不満　□とても不満
(理由をお聞かせください：　　　　　　　　　　)

■サロンの雰囲気はいかがでしたか？：
□とても満足　□満足　□普通　□不満　□とても不満
(理由をお聞かせください：　　　　　　　　　　)

■次回もまた利用したいですか？：
□ぜひ利用したい　□機会があれば利用したい　□わからない　□利用したくない

■自由記入欄：
お店やスタッフに対する要望や感想などがあれば、教えていただけますと幸いです。

10

守る

パートナーシップを広げる 理想の未来に近づく方法

想いに共感してくれる味方の輪を広げよう

1000人のファンがいれば、好きな仕事で私らしく生きられる。ひとりでは叶えられない想いも、一緒に実現していくことができる。

そう考えると、ファンとは商品やサービスを買ってくれる人だけではないことに気づきます。直接的なお客さまでなくても、自分を応援し、力を貸してくれる協力者も、広い意味での大切なファン。**想いに共感してくれる味方を増やし、輪を広げていくことは、お客さまを増やすことと同じくらい大事**だと思っています。

私の協力者は、たとえばこんな人たちです。

◎メンター

仕事や人生に迷ったときに、的確な指導や助言をしてくれる存在。

私が思う理想の状態は、**得意分野や活躍するフィールドの異なるメンターが3人以上いること**。仕事だけでなく人としても尊敬できる、心から信頼できる人がベストです。

◎提携企業・個人

OMOYAで進めている仕事のなかには、コンテンツの企画を自社で行い、システム開発は別会社のプログラマーに依頼し、販売は営業代理店にお願いする……というプロジェクトチーム制のものもあります。

全部ひとりでやろうとせず、自分に足りない能力は得意な人に補ってもらう。そのぶん私は企画に専念できますし、高い能力を持つプロが協力し合えばよりよい仕事ができるはず。

チームで仕事を進めるときは、**お互いにとって利益やメリットのある仕組みをつくる**ことも忘れないようにしています。どういう売上が上がったときに、どの比率で利益を分配するのか、きちんと決めておくことも大切です。

また、お互いに持っている**アセット（人、スキル、資金、情報、経験など持っている資産）をいかして、メリットのある協力関係**を結んでいくことも大切。

たとえば、あるメーカーと提携して新商品をつくる場合、商品の売上高に応じた成果報酬型のプロデュース料をいただく代わりに、商品の売上に貢献できるように、商品企画だけでなく、自分のファンに商品をおすすめする、などです。

◎起業家仲間

自分で仕事をしていくには、さまざまな知識や考えかたを養う必要があります。そこで大切にしているのが、自分と同じように起業している人たちとの交流。

よく参加しているのが、経営者が集まる交流会や勉強会。メンターや知り合いからご紹介いただくこともあります。

私の起業家仲間は、同業や違うジャンルの人、年上や年下、女性や男性などさまざま。たとえライバルになり得る同業者でも、同じ志を持つ仲間と考えて、積極的に情報や意見を交換するようにしています。

◎スタッフ

一緒に働くスタッフは、部下というよりも、**お互いの得意・不得意を補い合えるパートナー**のような存在。その人の能力や性格、好きなことなどをきちんと知り、もっとも力を発揮できる仕事を任せるようにしています。

スタッフを信頼して仕事を任せると、いいことがたくさん。任されたスタッフは経験を積んでどんどん成長していきますし、私自身にも、ファンと向き合ったり新しい企画を考えたりする余裕が生まれます。

◎家族

私の仕事について深く知らなくても、私のことをいちばん応援し、いつでも味方でいてくれるのが家族。「経営者は孤独」とはよく言いますが、急に孤独感や不安に襲われたときに絶対的な味方がいるというのは、本当に心強いもの。

絶対に変わらない軸となる「自分の拠点」。家族なのか、親友なのか、恋人なのか、人によって違うかもしれませんが、帰れる場所があると、もっと自分らしく自由になれると思うのです。

そのためにも、家族や大切な人と限られた時間で十分にコミュニケーションをとる、あるいは、自由な時間を増やすために仕事の効率を上げる力をつけていくことが大事だと思います。

◎経営ボード

共同経営者、役員、顧問、社外取締役など。また直接的には経営ボードではありませんが、株主がいる場合はここに「株主の視点」も入ってきます。

自分よりも優秀な人を経営ボードに迎えるとより事業が成長すると言われています。優れた能力を持つ人たちの意見を聞き、話し合い、経営に反映させていくことで、会社は飛躍的に進化していきます。

「私らしさ」をいかして好きを仕事にしようと思うとき、ひとりで事業をはじめる人も多いかもしれません。

ですが、その仕事がたくさんの人に必要とされればされるほど、事業は大きくなり、かかわる人も多くなり、経営にも自分以外のだれかの力が必要となってくることがあると思います。

その頃には「私らしさ」からはじまった仕事が、いつのまにか「みんならしさ」に姿を変え、より大きな想いを実現していくことができるのです。

自分を思い出してもらえる「キーワード」はなに？

協力者を増やすために私が心がけているのは、自分が何者かを普段からまわりに印象づけておくこと。

そうすれば、協力者が新たな協力者を紹介してくれたり、自分が力を発揮できそうなプロジェクトに呼んでくれたり、いいことが舞い込んできます。

自分を印象づける秘訣は、自分ならではの「キーワード」を用意すること。

たとえば**私のキーワードは「女性」**。まわりの人には「女性のこと＝猪熊さん」という公式で覚えてもらっています。

そのおかげで女性向け商品の企画プロジェクトに声をかけていただいたり、女性を対象にした起業セミナーに講師として呼んでいただいたりと、いちばんに思い出してもらいやすいキーワードの効果は抜群です。

あなたの仕事を成長させるパートナーシップの輪

**協力者がいれば、理想が叶う可能性は高まります。
パートナーシップの輪をどんどん広げていきましょう。**

①どんな人と一緒に働きたい?
②自分の強みは?
③自分の苦手なことは?
苦手をおぎなってくれそうな人はいる?

◎パートナーシップ相関図

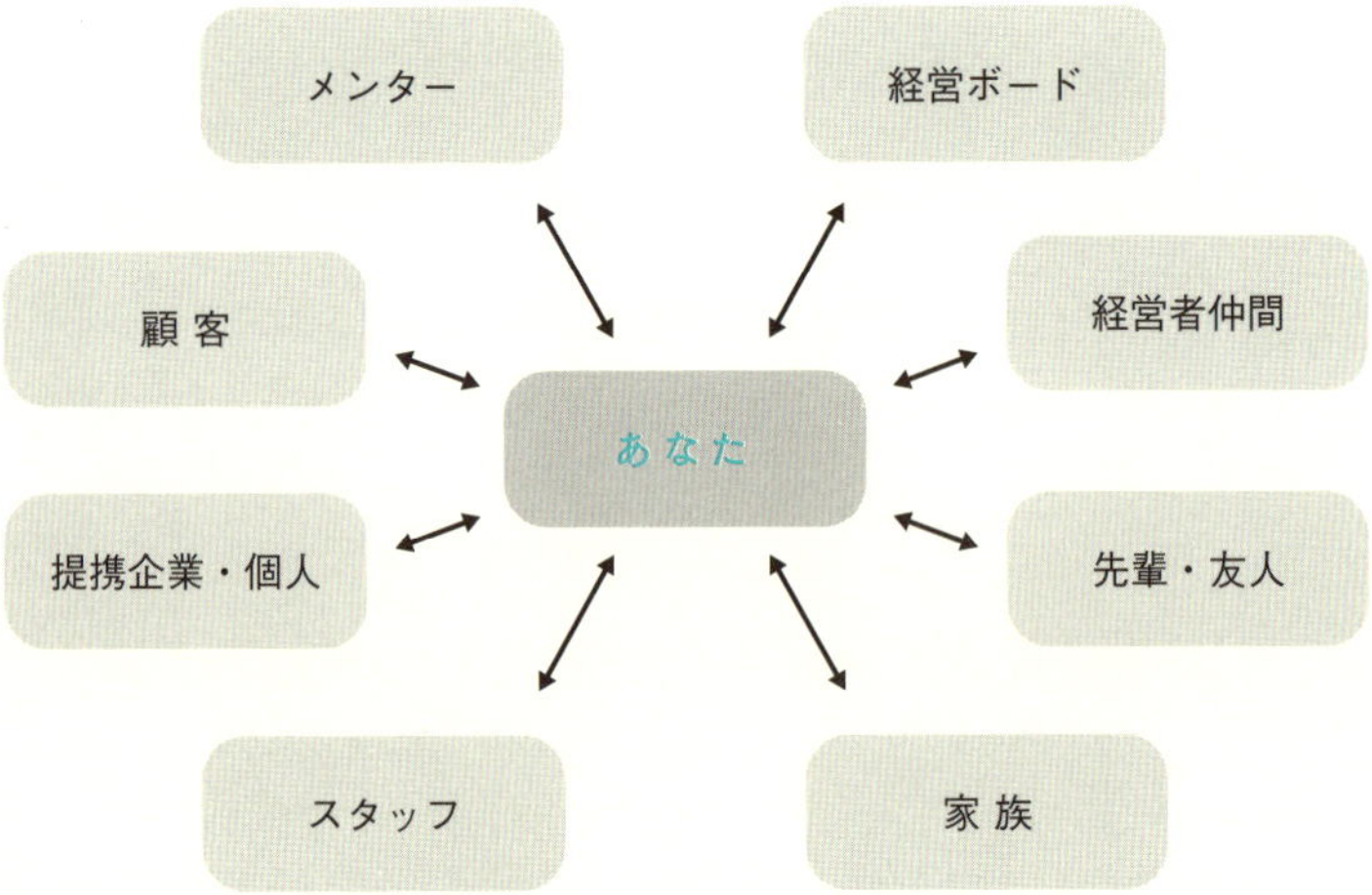

STEP 3

目標はファン1000人をキープ！

自分もまわりも幸せになる、7つのエッセンス

《継続編》

01

捨てる

「なんとなく不安」になるのをやめる

不安な気持ちに襲われたら

ファンになってくださるかたが増えて、収入が安定してきて、まわりから「がんばってるね」と言われるようになっても、やっぱり不安になることがあります。「これで大丈夫なのかな」「1年後の私はどうなっているのかな」……と考え出してネガティブになってしまうこともあるかもしれません。

そんなときの対処法は、ずばり、**不安ととことん向き合い、不安を整理してしまうこと**。

まずは、「いまの自分にできていること」と「できていないこと」を把握するところからはじめます。そして、できていないことをできるようになるためにはなにが必要か、洗い出していきます。

すると、いまやるべきことがはっきり見えてきて、漠然とした不安が次第に消えていき、「私が次になにをするべきか」に変わっていくのです。同時に、「できなくても実はそんなに問題ないんだ」「不安になる必要はないんだ」と気づくこともできます。

不安から抜け出す3つのステップ

①紙に書き出す

不安などのつらい感情は、起きた出来事そのものから生じるのではなく、**出来事に対する自分のとらえかた**によって生じています。

それが、うつ病などの治療に用いられる「認知行動療法」の考えかた。自分のとらえかたを変えることで、不安を解消していくという方法です。

まずは、**自分がなにに対して不安を抱いているか、紙に書き出してみます**。

たとえば、自分でサロンを運営しているネイリストだったら……。

（例）

・これまでは売上が毎月伸びていたのに、3カ月前にはじめて減ってしまって不安
・それ以来3カ月間、前月割れしつづけていて不安
・このまま減りつづけてしまったら……と考えると不安
・お客さまに必要とされていないのではないかと感じて不安
・ネイリストとして食べていけなくなってしまわないか不安

②不安を仕分ける

次に、紙に書き出した不安を「仕分け」していきます。自分の抱いている不安が、事実に対する不安か、妄想に対する不安かを見極めていくのです。

【事実に対する不安】

・これまでは売上が毎月伸びていたのに、3カ月前にはじめて減ってしまって不安
・それ以来3カ月間、前月割れしつづけていて不安

【妄想に対する不安】

・このまま減りつづけてしまったら……と考えると不安
・お客さまに必要とされていないのではないかと感じて不安
・ネイリストとして食べていけなくなってしまわないか不安

③「事実に対する不安」は、原因と対策を考えて撃退！

事実に対する不安は、その事実の原因と対策をきちんと考えることで解消されていきます。

まずは、不安に思っている事実がどうなれば安心できるか、を考えるところから。そして、不安に思う原因と、解消するためにいまの自分にできることを順番に考えていきます。

原因を考えるときには、「ライバルの○○がいるから」など他人のせいにしないことがポイント。ライバルにファンが流れてしまっているのであれば、その原因までしっかり探ります。

《これまでは売上が毎月伸びていたのに、3カ月前にはじめて減ってしまって不安》

☆どうなれば安心できる？

これまでの伸び率ほどじゃなくても、100〜110％くらいのペースで伸ばしていけたらうれしいな。

☆不安に思う原因は？

3カ月前に近所にオープンしたネイルサロンに、お客さまが流れてしまっているのかも……。

考えられる理由は、席数・スタッフ数がうちの5倍で予約がとりやすいこと、価格帯が1000円ほど安いこと、初回限定30％オフのオープン記念キャンペーンをやっていること。

☆いまの自分にできることは？

席数・スタッフ数をすぐに増やすことは難しいし、赤字になるから値下げもできない。

でも、ライバル店にないうちの強みは、フットマッサージのオプションがあることと、閉店時間が2時間遅いこと。

フットマッサージは原価が低いから、値下げしても赤字にならない。じゃあ、平日夜の予約限定で、ネイル＋フットマッサージのお得な「お仕事お疲れさまプラン」を用意してみてはどうだろう？

さっそくダイレクトメッセージをつくって、お店に来ていただいたことのあるお客さまに郵送！　店内にも、プランのポスターをつくって貼ってみよう。

「妄想に対する不安」は、4つの問いかけで撃退！

妄想に対する不安は、あくまでも妄想。考えてもキリがないので、頭から追い払うのが吉。でも、どうしても不安が拭えないときは、自分に4つの問いかけをするようにしています。

「そう思う根拠は？」「最悪どうなる？」「過去にはどう乗り越えた？」「他の人はどう乗り越えてる？」

すると、「不安になっても意味がない！」と気づけたり、妄想が現実にならないように対策を考えられたり、不安の解消につながります。

《ネイリストとして食べていけなくなってしまわないか不安》

☆そう思う根拠は？

売上が毎月減っているから。でも、私の必要最低限の収入は月○○円。もしいまのペースで売上が減りつづけても、必要最低限の収入を下回るのは1年後。1年あれば、なにか対策を打てるはず！

☆最悪どうなる？

もし売上が戻らなくても、いったんお店をたたんで、またネイルサロンで働けば大丈夫。

☆過去にはどう乗り越えた？

オープン当初はお客さまが0人の日もあった。

そのときは必死にチラシを配布したり、ＳＮＳに新作ネイルを毎日アップしたり。最近サボりがちだったから、もう一度やってみようかな。

☆他の人はどう乗り越えてる？

前に一緒に働いていたあの先輩も、最近独立したって聞いたな。ちょっと話を聞きにいってみよう。サロン経営者のブログを片っぱしから覗いて、集客のコツをチェックしてみよう！

02

守る

自分がいなくても困らない仕組みをつくる

自分でやるべきことと、やらなくていいこと

事業が大きくなるにつれて、自分でやるのではなく、スタッフに任せられる仕事が増えてきました。たとえば管理や手続きなどの事務作業、イベントの会場予約や備品準備、ちょっとした事務的なメールのやりとりなど。

反対に、商品やサービスそのものの企画、これからの事業計画のプランニング、ファンとのコミュニケーションなどは、自分でやることに意味があります。これらにもっと専念するためにも、自分でなくてもできる仕事は思いきってだれかに任せていくことが大切だと思うようになりました。

最初は、「だれかにやってもらうよりも自分がやったほうが早いのでは……」と思

うこともありました。でも、私の想いややりかたをきちんと共有して理解してもらえれば、スタッフの成長にもつながり、私も自分にしかできない仕事に集中できるはず。

むしろ、それぞれが役割を果たしながら、事業のパワーアップに専念できたほうがファンのみなさんは喜んでくれる！　そう素直に思えるようになりました。

私が女性たちの役に立ちたいという気持ちは、私自身の自己実現でもあるのですが、昔から「**自分がこの世からいなくなっても、女性たちが幸せになっていくような仕組みを残したい**」という想いがあります。

自己満足だけではなく、社会に本当に必要とされる事業や会社をつくることができるのであれば、自分がいなくてもまわる仕組みを意識してつくる必要があると思っています。

スタッフやアシスタントに任せる

自分の感覚や慣れに頼って進めていた仕事も、だれかに任せるときはすべて言語化して（言葉に落として）マニュアルにするようにしています。

イベントの開催準備をはじめてスタッフに任せたときは、「○カ月前にイベント概要を決める」「○カ月前に告知する」といったように、やることを時系列で細かく書き出しました。また、自分が実践していたファンに喜んでもらうための工夫なども、ひと口メモとしてさり気なくプラス！

マニュアルづくり自体をスタッフに任せる場合もあります。スタッフ自身に頭を使って考えてもらうことで、**仕事やファンへの理解が深まり、チームのパワーがアップする**のです。

専門家・専門ツールに任せる

お金の管理を税理士にお願いする、営業を代理店にお願いする、販促物の作成をデザイナーにお願いするなどプロにお任せしていることも多いです。

便利なアプリやソフト、ネットサービスを活用するのも大事。自分で地道にやっていたことが実はアプリで自動化できた、なんてこともけっこうあって、「あの時間もったいなかったなぁ」とたまに悔やんでいます（笑）。

情報のリストアップや資料づくり、データチェックや文章校正といった細かい作業は、『ランサーズ』『クラウドワークス』などのクラウドソーシングサービスで外注先を探せます。

仕事以外のことを専門家に任せる

忙しい女性たちにとっては、仕事に使える時間を増やすために、家事代行サービスやベビーシッターなどを活用するのも賢い方法。

家事代行サービスは種類に応じて1時間2000〜5000円程度、ベビーシッターはお子さまの年齢やケアの内容に応じて1時間1500〜5000円程度でお願いできるところが多いようです。ネットからすぐに申し込めますし、自分に合う業者が探せるマッチングサイトなどもあるので、とても便利！

出会ってきた女性たちのなかには「自分が全部やらなくては！」とがんばり過ぎてしまって、途中で疲れてしまったり、体調を崩してしまうようなかたもいました。

「**自分でなければできないことはなにか**」を考えて、それ以外はまわりの人や既存のサービスにうまく頼っていくことも必要です。

もちろん、家族に協力してもらうのも◎。家事をうまく分担したり、実家や友人に子どもの面倒を見てもらったり、**自分を応援してくれている人には素直に甘えてみることが大切**です。

出産・子育てで仕事を離れるときは

女性起業家の最大の悩みといってもいいのが、出産や子育てと仕事の両立。出産後どれだけ早く復帰しようとしても、最短数カ月はどうしても仕事から離れなくてはなりません。

マニュアルづくりやスタッフの人材育成はもちろんですが、商品やサービスのありかたも変えていく必要があると思います。

具体的には、**自分が動いて生み出すべき事業と、自分が動かなくても収益が見込める事業**、このふたつの軸を持っておくこと。自分が動いて生み出すべき事業を少しの間お休みしたとしても、すでにある商品や信頼、スタッフがきちんと働けるような仕組みなどをつくり収益を生み出せる状態をつくっておくのが理想です。

知り合いの美容師さんで、以前産休に入られたかたがいました。美容師さんはその人にお客さまがついていく職業なので、産休中はどうしても施術ができず、お客さまが離れてしまう可能性があります。どうすればファンが離れずに自分の復職を待ってくれるか、不安になりながらもいろいろと考えたそうです。

そしてその美容師さんは、ファン一人ひとりに手紙を書きました。

このたび産休に入ること、自分がいない間は信頼できるスタッフの○○に対応を任せること、髪質やヘアスタイルの好みについてはすべて共有してあること。最後に「これまでありがとうございます」という感謝と「これからもよろしくお願いします」の気持ち。一人ひとりに心を込めてメッセージを贈ったことで、その美容師さんからファンが離れることはありませんでした。

心くばりしだいで、離れるどころかいっそうファンになってくれる。そう考えれば、仕事を離れることへの気おくれもやわらいでいくのではないでしょうか。

03

捨てる

人脈をつくろうとしない

純粋な好奇心で、ご縁はどんどん広がっていく

「人脈が広いですね、どうやってつくったんですか?」と聞かれることがあります。

でも私は、「人脈をつくろう!」と思ってつくったことはありません。

もともと人が大好きなので、「いろいろな話を聞きたい!」「いろいろな人を知りたい!」という気持ちで、経営者の会合や交流会、イベントなど大勢の人が集まる場に行く機会は多かったと思います。


そのときにいくつか意識していることがあるのですが、たとえばはじめて出会うかたに自己紹介をするときに、**名刺や肩書きだけで自分のことを説明しない**ようにして

います。

それよりも自分はどんな人で、「なにをやりたいと思っているか」を伝えることを大切にしています。まさにこれまでお伝えした「私らしさ」が伝わるように、短い時間でどう伝えればわかってもらいやすくなるか、最適な言い回しや言葉を常に考えています。

いろいろな場所で出会ったかたと、最近ではFacebookなどのSNSでつながることが多いのですが、「なにをやりたい人なのか」をわかってもらえていると、私の投稿を見て新しくはじまるプロジェクトに声をかけてくれたり、知り合いを紹介してくれたりと人のご縁（人脈）が波紋のように広がっていったのです。

もし、人脈がなかなか広がらなくて悩んでいるなら、**一度「人脈をつくる」という目的を忘れて、純粋に人に興味を向けてみる**といいかもしれません。

損得勘定が見え隠れするよりも、ポジティブな好奇心が伝わったほうが、「この人おもしろいな」「一緒に仕事をしてみたい」「協力したい」と思ってもらえる可能性が高まる気がします！

人との出会いは財産。

これまでに講演やイベントで出会った3000人以上の女性たち、同じビジョンを共有してきたクライアント、刺激を与え合いながら一緒に成長してきた経営者仲間、迷ったときに背中を押してくれたメンター、私の足りないところを補ってサポートしてくれるスタッフ。すべての人の存在がなければ、いまの私も、いまのOMOYAもありません。

いろいろな人と出会い、いろいろな価値観に触れてきた経験は、「人脈」という言葉では片づけられないくらい、私にとって大切な宝ものです。

未来への投資をしよう

仕事がうまくいって収入が増えたら、まずはがんばった自分にごほうび！　ほしかった服やアクセサリー、ちょっと高級なディナー、海外旅行……自分自身の心が満たされるようなお金の使いかたがしたくなるかもしれません。

でも、私が必ずすることは、もっともっと**私らしくなるための「投資」**。

未来をよりいっそう輝かせるために、「人との出会い」や「スキルアップ」などの自分を成長させる経験や事業に投資するようにしています。

人との出会いへの投資とは、先ほどお伝えした交流会やイベントなど。

日々の仕事に追われて新しいことを学ぶのを忘れてしまったり、自社のことで手一杯で視野が狭くなってしまったり……。そんな状態から抜け出し、自分を常にアップデートしておくためにも、人と出会うことは大切にしています。

スキルアップへの投資とは、資格取得や読書、勉強会への参加など。

常に好奇心と向上心を忘れず、興味のあるものを新しく学びにいくようにしています。たとえば、会社を立ち上げたあとに認定心理士の資格をとったことも、未来への投資のひとつ。このタイミングであらためて心と向き合うことで、ひとりの人として、経営者として、女性を支援する立場として、さらに成長できると考えたからです。

また日本文化を学ぶために、着付けのレッスンに通ったり、友人の研究者が開いた勉強会に行ったり……。あまりテーマを制限せずに、好奇心のおもむくままに、幅広くいろいろなことを学ぶようにしています。

事業への投資とは、特に女子未来大学や女性プロデューサー事業への投資を指します。これらの事業は、私がいちばん私らしくいられる、私の心からやりたいこと。

でも、会社の収益の柱といえる段階にはまだ至っていません。

収益をきちんと継続して生み出せる仕組みをつくり、事業として長くつづけていくためにも、必要な投資（時間・資金・人的資源など）は未来への投資と思って、積極的にしていくことを心がけています。

04

守る

「助けてほしい」と素直に言ってみる

私が思う、起業に向いている人

起業というと、リーダーシップを発揮してみんなをグイグイ引っ張っていくような「強い」イメージがあるかもしれません。

もちろんそういうタイプの人もたくさんいますが、私やまわりの起業家たちは、どちらかというと違うタイプの女性起業家がたくさんいます。芯の強さはありながらも、しなやかで人間らしいリーダーが多いように思います。

私の考える、起業に向いているタイプは……。

①好奇心旺盛である

いろいろなことに興味を持ち、いろいろな人と積極的に出会う。チャンスをしっかりつかんで成功している起業家には、そんなタイプが多い印象です。

社会にあるあたり前のことにも「どうしてそうなんだろう？」と問いを持てる力が、社会の隠れたニーズを見つけ出し、新しいビジネスアイデアを生み出すのではないでしょうか。

②「だれかのため」を最優先している

活躍している起業家ほど、ファンやビジネスパートナー、起業家仲間、家族、友達、恋人など、目の前にいるかけがえのない存在を大事にしています。それも、「喜んでほしい！」「役に立ちたい！」という純粋な気持ちで動いている人が多いような気がします。

反対に、自己中心的な考えかたをしている人は、残念ながら成功が長続きしません。なにかのイベントを開催するにしても、初回は目新しさや営業努力で成功したけれど、2回目からは人が集まらない……というケースはよく耳にします。「この人は私たちのためじゃなくて自分のためにやってるな」と感じるイベントに、もう一度行く気にはなれませんよね。

③人に弱さを見せられる

私のまわりの起業家は、自分の弱さを無理に隠そうとせず、必要なときにはだれかを上手に頼れる人がほとんど。隙のない完璧な人は、まわりに「私の協力なんて必要ないだろう」と思わせてしまいがち。

いい意味で人間らしい人のほうが、仕事を成功に導いてくれるファンや協力者を得やすいのだと思います。

「弱い私」をさらけ出す勇気を持つ

私のいまの課題は、自分の弱さをなかなか人にさらけ出せないこと。

好きな人の前で自分らしさが出せないのと同じで、「いい経営者だと思われたい」「素敵な人だと思われたい」という気持ちがどこかにあるからこそ、弱点を見せることに抵抗があるのだと思います。

でも、「完璧な私を見せたい」と思っているのは自分だけ。完璧な私の姿なんて、だれも期待していないのです。

ファンや仕事関係の人に弱さを見せられないのであれば、まずは家族や親友など身近な人に少しずつ見せることから。親友たちの前では、弱い私をよくさらけ出しているので、人前で仕事をしている姿が逆に不思議に感じられるかもしれません（笑）。「助けてほしい」と打ち明ければ、快く手を差し伸べてくれる人がいる。この体験を積み重ねていくことで、ファンのかたや仕事のパートナーにも素直な自分を少しずつ見せていけるのではないかと思っています。

弱くて強いこれからのリーダー

「弱さ」や「弱い」というと、ネガティブなイメージを持つかもしれません。ですが、これからの時代、実は「弱さ」を知っているリーダーこそが活躍できるのではないかと私は考えています。

「強きが弱きを助ける」ではなくて、弱いからこそ**その弱さをいかして、同じような境遇に悩んだり、苦しんでいる人たちの役に立とう**とする。

「**弱いからこそ、強い**」。これからの新しいリーダーには、そんな人たちも増えてくるのではないでしょうか。

力の強さ、権力の強さ、お金の強さではなくて、心の強さ。他者に対する圧倒的な共感力と、想像力と創造力。慈悲の心や思いやり、相手の立場に立って物事を考えることができる利他的な思考。そういう「弱くて強いリーダー」にこそ、女性が向いているのではないかと思うのです。

弱さを隠すのではなく、自分の弱さを受け入れたうえで「**その弱さをいかしてだれかの役に立てないか**」と考えることが、新しいアイデアや価値、事業のヒントにつながるかもしれません。

私ってどんな人だと思う？

心理学でよく使われる理論のひとつに、「ジョハリの窓」というものがあります。

簡単にいうと、自分が思っている「私」と他人が思っている「私」には、ギャップがあるという考えかたです。

信頼できる家族や友人、恋人などに、「私ってどんな人だと思う?」とぜひ聞いてみてください。自分以外の人は知っているのに、自分だけが知らない「新しい自分」に出会えるかもしれません。

自分が思っていたことと同じ部分もあれば、違う部分もあると思います。「私ってそんなところもあったんだ!」と前向きにとらえられればいいのですが、「本当の私はそうじゃないのに」と歯がゆさを感じたなら、「私らしさ」がまだうまく出せていないのかもしれません。

弱さを見せるトレーニングと同じように、信頼できる身近な人からでいいので、「素の私」を意識して見せるようにしてはいかがでしょうか。

ときどき「私ってどんな人だと思う?」とあらためて聞いてみて、**「私らしさ」を何%くらい出せているか、セルフチェック**してみるといいと思います。

ジョハリの窓

**自分が思う「私」と他人から見た「私」には
ギャップがあります。**

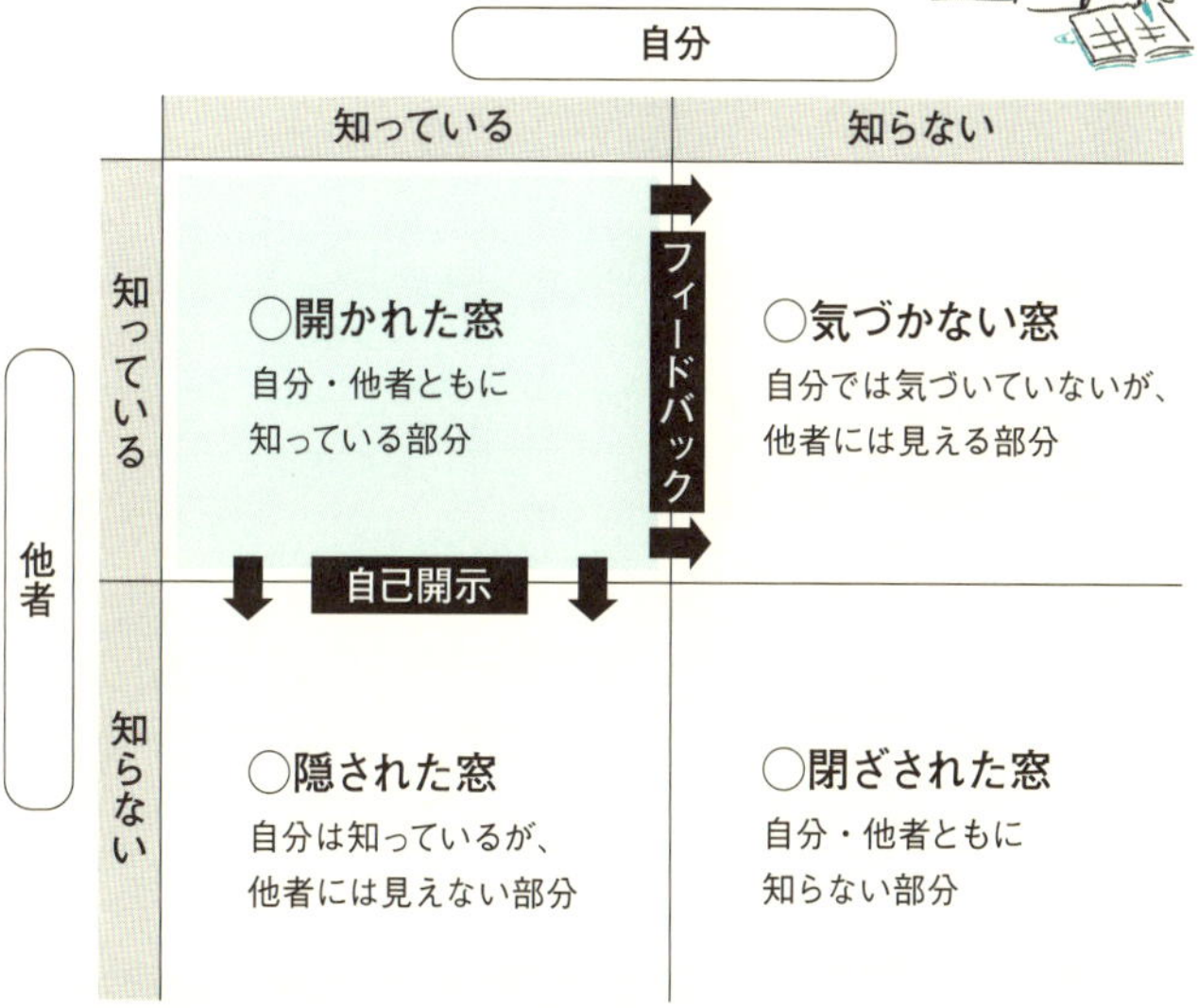

	自分	
	知っている	知らない
他者 知っている	○開かれた窓 自分・他者ともに知っている部分	○気づかない窓 自分では気づいていないが、他者には見える部分
他者 知らない	○隠された窓 自分は知っているが、他者には見えない部分	○閉ざされた窓 自分・他者ともに知らない部分

サンフランシスコ州立大学の心理学者ジョセフ・ルフトとハリー・インガムが発表した「対人関係における気づきのグラフモデル」のこと。

05

捨てる

アンチにひるまない

自分の「アンチ」があらわれたら

仕事が軌道に乗ってファンが増え、業界でちょっとした有名人になったり、メディアで紹介されたり……。

起業する前は想像もつかなかった「私らしい自分」に近づくにつれて、あらわれる可能性が高まるのが「アンチ」の存在。自分のことを陰で悪く言ったり、足を引っ張ろうとしたりする人のことです。

このアンチという存在に頭を悩ませたり、必要以上に気にし過ぎてしまう女性たちもいるのではないでしょうか。

なぜアンチがあらわれるのか。アンチがあらわれたとき、どう気持ちを落ち着かせればいいのか。あらかじめ心に留めておき、ちょっとのことではひるまない強さを手にしましょう！

根底にあるのは、「嫉妬」

すべての人に好かれる人なんて、この世にいません。なぜなら、人の価値観は千差万別だから。好かれるか嫌われるかは、その人の人格で決まるというより、まわりのとらえかたによります。

とはいえ、できるなら嫌われたくはないですよね。みんなに好かれたい、みんなからの愛を失いたくないという傾向が日本人や女性は特に強いようです。

そもそも、なぜアンチはあらわれるのでしょうか。理由はいくつか考えられますが、いちばん思いあたるのは「嫉妬」。

自分より目立つ人や、優れているように見える人がいると、人は劣等感を感じて嫉妬を覚えます。それが同じ仕事をしているライバルであればなおさら。「どうして自分じゃなくてこの人が成功してるんだろう」という思いが膨らむと、その矛先は相手に向きます。

「ただの目立ちたがり屋じゃん」「卑怯な手を使ってるに決まってる！」……そう思って相手のせいにしたほうが、自分の気持ちがラクだからです。

本人のうまくいかない「焦り」の気持ちが反発的な感情として出てくることもあります。

あるいは、自分の考えと違うからという理由で反発している可能性もあるでしょう。特に女性は、他人と共感したり調和したりしながら生きていくことが大切だと、社会的や教育的な背景から刷り込まれています。

それが「私には理解できないから好きになれない」「みんなと違うことをしていい気になってる」というネガティブな思いを引き起こしているのではないでしょうか。

心がざわついたら、6秒ガマン

直接イヤミを言われる、SNSに悪口を書き込まれる、根も葉もない噂を流される、などの被害を受けたとき。やってはいけないのが、その場の感情に任せて怒ったり反論したりすること。

怒りの感情のピークは、6秒ほどと言われています。**まずはひと呼吸おいて、その場を乗り切る。**相手の真意はいったんおいておいて、自分の心を守ってあげることが大事です。

「この人はきっと自分に自信がないんだな」「私も一歩間違えば同じことをしていたかもしれないな」と発想を少し転換するだけで、だいぶ心が落ち着いてくると思います。

冷静になったら、考えるのは原因と対策。

原因といっても、相手にあるか自分にあるかのどちらか。明らかに悪気のある誹謗中傷なら、つらいけれど気にしてもしかたありません。

そのまま無視するなりコメントを消すなりして、なかったことに。自分の心と相談して、SNSの更新を少しお休みしてもいいと思います。

もし単なる悪口ではなさそうなら、**自分の最近の言動に至らない部分がなかったか、謙虚になって振り返ることが大切**。相手が面識のある人なら、その人とのやりとりや関係性を思い返す。匿名であれば、SNSやブログ、メディアなどでの自分自身を思い返してみる。

そして、必要に応じて真摯にコメントを返したり、直接お話しする場を設けたり、お互いにとってベストな形で解決できるような方法を検討します。

自分の心を擦り減らす原因になる人とは、無理に向き合わずに距離をおいてみるのもいいと思います。


たとえ何人かに批判されても、自分を応援してくれるファンや味方がそばにいるのですから、落ち込み過ぎる必要はありませんよ！

こんな女性は嫌われやすい!?　アンチをつくるNG言動

全員に好かれようとする必要はありませんが、
反感を買う言動はなるべく避けるように気をつけましょう。

嫌われる女の「考えかた」

(%)

		男	女	職場での出没率	実は自分も!?率
1	自分の考えを押しつけてくる	76.2	91.4	35.1	19.8
2	嫉妬深い	66.8	83.6	33.5	16.4
3	悲観的で卑屈	64.6	82.0	28.0	17.4
4	器が小さい	49.2	76.6	37.9	28.0
5	プライドが高い	59.8	63.0	47.7	44.2
6	出世意欲が強い	41.8	48.6	20.1	13.4
7	専業主婦志向が強い	36.4	43.2	33.6	23.8
8	仕事よりプライベート重視	28.8	28.0	51.7	55.2
9	キャリア志向が強い	29.4	21.8	21.8	20.8
10	なにがあってもポジティブシンキング	15.2	14.8	34.5	44.4

■嫌悪感を抱く／多少イラッとする
■ほとんど嫌悪感はない／嫌悪感はない

※本統計データは『PRESIDENT　2012年6.4号』を元に再構成したものです。

06

守る

どんなに忙しくても、8時間睡眠

睡眠時間は削らない！

目がまわるくらい忙しいときに限って、やってみたかった仕事のオファーがきたり、新しいアイデアが浮かんできたり……。これ、本当に不思議（笑）。いまの私には、丸1日お休みの日は正直そんなにありません。それでも、普段できるだけしないように心がけていることがあります。

それは睡眠時間を削ること。1日調子よくいられるベストな睡眠時間は人それぞれだと思いますが、私の場合は**8時間**。毎日8時間寝るのはなかなか難しいものの、**時間が足りないからといって睡眠を大幅に削ることはしません**。

睡眠時間を削ってしまうと、仕事のパフォーマンスに影響が出たり、体調を崩したりしやすくなり、結果的にもっと多くの時間を無駄にしてしまうことがあるからです。

私の場合は睡眠時間ですが、これもそれぞれに「らしさ」があると思います。絶対に守りたい時間、守ることでバランスがとれ、自分らしさが格段にアップするような時間はそれぞれだと思いますので、あなたらしい方法でその時間を守ってみてください。

業務効率がアップする小ワザ8つ

◎メールはためずに即レス

私が仕事で使っている連絡手段は、電話の他に、Eメール、メッセンジャー、チャットワーク、LINEなどなど。毎日いろいろな手段で大量のメッセージが届くので、どこからなんの連絡をもらったか混乱しないように基本は即レス。

講演前や、あとで時間をかけなければ返信できないものは、いったん読んで未読に戻します。そうすれば返し忘れが防げますし、ちょっとした隙間の時間にレスの内容を考えられるので時短になります。

◎重要タスクは自分にメール

「今日中にあれしなきゃ！」「提案内容のアイデアひとつ思いついた！」など、忘れてはいけないことが出てきたときは、すぐに自分から自分にメールを送ります。

会社に勤めていた頃は、ふせんにタスクをひとつずつ書いてパソコンに貼っていたのですが、これって、なくすと終わるんですよね（苦笑）。メールならなくさないし必ず目に留まるので、よく使っています。

また、アイデアや企画がひらめく場所にもその人の「らしさ」があるので、あなたらしい場所がわかっていると、考えごとをするときに役立ちます。

私の場合は、お風呂のなかか寝る前。脱衣所に携帯を置いておいて、忘れたくないことは自分にメールしたりします。

◎期限が決まっているスケジュールは、アプリで管理

企画書の提出締切、打ち合わせ、講演など、期限や日程が決まっているスケジュールは、スマートフォンアプリのカレンダーやメモ帳に書き込むようにしています。

◎期限が決まっていないやるべきことは、箇条書きでスマートフォンに保存

スケジュールとは別に、ある一定の期間内にやるべきことをリスト化したものが「ＴｏＤｏリスト」。「今月中に企画3つ出さなきゃ」「合間を見てあれを買いに行かなきゃ」といったものです。

これらは箇条書きにして、スマートフォンのメモ帳アプリに保存。終わったものかららどんどん消していきます。スケジュール管理とＴｏＤｏ管理がどちらもできるアプリもあるので、それを使ってもいいと思います。

◎クライアントとの書類のやりとりは『Googleドキュメント』

『Googleドキュメント』は、オンライン上で文書や表を作成して、他のユーザーと共有できるアプリ。打ち合わせで進行している会話を、議事録としてその場で記載し

ていくと、ホワイトボードなどを使わなくても、全員が最新の情報を見ることができます。

会議が終わったら議事録ができているので、時間の短縮にも。いちいちメールで送り合わなくてもいいので便利です。メールに添付だと、どこに保存したかわからなくなったり、どれが最新かわからなくなったりしますからね。パソコンでもスマートフォンでも使えます。

◎イベントの集客・集金は『Peatix』アプリで一括管理

イベントやセミナーをはじめた当初は、参加費を当日受付で支払っていただいていました。

でも当日にキャンセルが出ると、用意していた席や資料やケータリングなどが無駄になってしまうので、事前支払いに変更することにしたのです。

そこで役立っているのが、『Peatix』というパソコン・スマートフォンアプリ。イベントの告知から参加費の事前決済まで一括でできるサービスです。女子未来大学などに一度でも参加していただいたかたの情報は、Peatix上にたまっていく仕組み。新しいイベントを作成すると過去の参加者に自動で通知が届くようにもなっていて、集客にも役立ちます。

◎お店やサロンなどでレジ機能・会計・カード決済などを行うには『Air レジ』

サロンやショップの場合は、会計、カード決済、売上・在庫管理、顧客管理などをすべてデジタル化できる『Air レジ』が便利。販売傾向の分析ができるというメリットもあります。

初期費用0円、月額費用0円で利用でき（2016年10月現在）、iPad か iPhone があれば導入できます。

◎移動時間も仕事のうち

メールの返信、打ち合わせ資料の読み込み、SNSやブログの更新、企画アイデアのメモなど、細かな仕事は電車やタクシーでの移動中がぴったり！　スマートフォンを駆使してサクサク進めます。

07

守る

心と体に無理をさせない

はじめてぜんそくにかかって気づいたこと

私は人からのお願いを断るのが苦手。大切な人やお世話になっている人からの依頼であればあるほど、ちょっと無理をしなければいけないスケジュールでも引き受けてしまう癖があります。

そんな自分の癖を自覚していながら、「仕事が好きだから」「大事な人の役に立ちたいから」と長い間目をつぶっていました。

でも、体は正直なもの。あまりに仕事を詰め込み過ぎて、あるとき、突然ぜんそくにかかってしまったのです。健康には自信があっただけに、とてもショックでした。

一方で、ここで体調を崩さなければ自分が無理をしていることに気づかず、後々もっとたいへんなことになっていたと思うと、ぞっとしました。自分だけならまだしも、ファンや仕事関係のみなさんに迷惑をかけてしまいかねなかった。

体が「限界アラート」を出してくれて本当によかった、といまは思います。

それからは自分の心身ときちんと向き合い、無理をさせ過ぎないように気をつけています。

また、物理的に仕事から離れられるように京都に家を借りたりもしました。心身の疲れを癒してパワーチャージができる、お気に入りの場所です。

自分の心と体が資本。心身を擦り減らしてしまわないように、普段からしっかりセルフマネジメントをしていくことが大切です。自分のために、そしてファンのために、いつでもベストコンディションをキープできるようにしましょう！

「マイ充電方法5つ」で、心も体も元気に！

心や体が疲れてしまったとき、自分をどう癒していますか？　肌身離さず持ち歩くお守りのように、自分なりの充電方法を持っておくことはとても大切です。

私の充電方法はこの5つ！

①**自然の美しさに触れる**（海や山によく行きます。京都や箱根も大好き！）

②**価値観がひっくり返るような新しい刺激に出会う**（アートを観たり、海外に行ったり）

③**大好きな人と過ごす**（親友や家族など一緒にいるだけで安心できる人たち）

④**寝る**（これ重要！　理想は8時間睡眠）

⑤**好きなものを好きな人と楽しく食べる**（食べることは我慢しません！）

「いつでも絶好調の私」じゃなくていい

好きなことを仕事にしている人にとって、時間管理と同じくらい難しいのが、モチベーション管理だと思っています。仕事へのやる気をいかにキープするか、ということ。たとえ好きな仕事であっても、「なにをしてもうまくいかない」「どう動いても空回ってしまう」というときは訪れます。

そういうときは、**風向きに逆らわずに時間をおいてみる**ことも必要かもしれません。その代わり、**情報収集や勉強などインプットに力を注ぎます**。

以前、美輪明宏さんがテレビでこんなことを話していました。

この世界は「正と負」「光と闇」「吉と凶」など相反するもので成り立っていて、人間のバイオリズムもそれと同じ。

どのドアを叩いても開かなくて外に出られないときは、「内に向かえ」と指令がおりているのだと。いまは自分の棚卸しの時期。だからその間に知識や技術などの財産を増やして、「品揃え」しておけば、お店を開店する（うまくいくべき）時期がきたときにいろいろな突破口が開けていく、と。

毎日いつでも絶好調、なんていう人生はありません。同じように、永遠にうまくいかない、なんてこともない。

うまくいかなくて苦しいときは、自分の人生を長い目で見てあげると、心がすっとラクになると思います。**「絶好調じゃない私」を認めてあげること**、とっても大事です！

自分を見つめ直すチェックリスト

最近「疲れたなぁ」と感じることはありませんか？
たまにはゆっくり、心と体を癒してあげましょう。

□　最近、笑顔が減っていませんか？

□　「○○さん疲れていますね」とまわりの人に言われていませんか？

□　ちょっとしたことでイライラしていませんか？

□　細かな作業が面倒に感じていませんか？

□　大好きな家族や友達と会っているのに、気分が晴れないことはありませんか？

□　朝食を抜いていませんか？　食欲が落ちていませんか？

□　過ぎてしまったことを思い返して自分を責めていませんか？

□　寝つきや寝起きが悪くなっていませんか？

□　集中力が低下していませんか？

□　自分のがんばりが報われていないように感じていませんか？

□　わけもなく不安・孤独感・焦りなどを感じることはありませんか？

□　まわりから嫌われているような錯覚に陥ることはありませんか？

◎「マイ充電方法５つ」を書いてみよう！

①

②

③

④

⑤

Interview

「私らしさ」をいかして、好きを仕事にしました

分野はそれぞれですが、好きなことを仕事にして
1000人以上のファンを持つ女性たちを紹介します。
先輩たちのスタイルからヒントをつかんでみませんか。

仕事も子どもとの時間も大切にできる、最高のライフスタイル

スキンケアブランド代表・ベビーマッサージ講師

母里比呂子 Hiroko Mori 32歳

「hirondelle」スクワランオイル購入者
約1500人

「子育てと仕事の両立は無理だと思っていた」

私の人生の転機は、娘を妊娠したときでした。それまではＣＡとして世界中を飛びまわり、転職後は営業としてクライアント先を駆けまわり、まさに仕事づけの毎日。

娘を妊娠して専業主婦になり、社会から取り残されたような孤独感に襲われていたときは、本当に心細かったです。でもそのおかげで、自分がこれからどう生きていきたいか、真剣に考えるようになりました。

はじめから「起業したい」「ブランドを立ち上げたい」と決めていたわけではありません。むしろ以前は「子どもを預けて会社員として働

▲起業した記念に友人からプレゼントされた鏡。いつもカバンに入れてお守り代わりに。
◀産婦人科医監修による「hirondelle」のスクワランオイル。防腐剤や石油系界面活性剤を使わず、安全性の高い国内工場で製造。

ファンを増やすための工夫

- 産婦人科・エステ業界（BtoB）に加えネット販売（BtoC）も開始。SEO 対策や SNS 発信を独学で行い、雑誌などで紹介されるように

しないことリスト

- 家事や子育ては完璧にこなそうと思わない

仕事のマイルール

- いまは子育てを最優先し、週３日だけ働く
- 仕事には責任を持って取り組む
- 人とのつながりを大事にする
- ファンへのホスピタリティを大事にする
- 家族や親友への感謝の気持ちを忘れない

好きを仕事にしてからの変化

- 収入

売上は月によって変動するが、時間あたりの収入は２～３倍に

- 労働時間

起業前：１日 16 時間働くことも
起業後：１日６時間、週３日

くか、専業主婦になるか」の二択しか頭にありませんでした。

その価値観を変えてくれたのが、友人の株式会社ＯＭＯＹＡの猪熊真理子さん。「子どもとの時間を大切にしながら、仕事をするなんて無理だよね」と弱音を吐いた私に、「じゃあ、子連れでうちで働こう！」と言ってくれたんです。

娘と一緒に週2日出勤し、みんなに代わる代わる面倒を見てもらいながら仕事をして……。本当に幸せでしたし、働く自信を少しずつ取り戻せました。

そうしていつしか、「もっと自分らしく生きてみたい」「そんな私の姿を娘に見せたい」と思うようになったんです。

娘を連れて打ち合わせに行くときは、飽きないようにおもちゃを持参。最近では、「ママおしごとがんばってね」と理解してくれるようになった。

「敏感肌に悩んだ経験から、オイル美容の世界に」

私は幼い頃から肌が弱く、気候の変化やストレスによる肌荒れにずっと悩まされていました。

産後は特にひどくなり、国内のスキンケアはもちろん、元CAだったこともあり海外のスキンケア商品も片っぱしからトライ。当時日本ではまだ浸透していなかったオイル美容にも目をつけ、個人的に情報収集や研究を続けていました。そんな背景があったので、起業しようと思い立ったときもごく自然にオイルが頭に浮かんでいたんです。

真野産婦人科の協力も得て、限りなく100

%に近いピュアな保湿オイルの開発を進め、商品化に成功しました。オイルが出過ぎてベタつくことのないよう瓶やスポイト部分にも徹底的にこだわり、ついに完成したのが「hirondelle」です。

イロンデールとはフランス語でツバメのこと。幸せを運ぶ鳥として愛されるツバメのように、肌で悩んでいるすべてのかたや、ママと赤ちゃんにも幸せを届けることができたら……。そんな思いで、フェイス・ボディ・ヘアからベビーマッサージや妊娠線ケアまで、幅広く安心してお使いいただけるように徹底しました。

現在はオンラインストアと産婦人科で販売していますが、「新生児から一緒に使えることがうれしい」「これ1本でお肌のうるおいがアップしました」「きれいになったねと言われました」などうれしい声をいただいています。

「ママたちがもっと自由に働ける環境をつくりたい」

OMOYAでお世話になっていたときから娘には働く姿を見せていたので、私が仕事をしていることはきちんと理解している様子。

ジャケットに袖を通すと、「ママおしごと?」「ひーちゃんもがんばるからママもがんばってね」と言ってくれるようになりました。

いまは娘を民間の保育施設に週3日預けていて、私は週3日・6時間しか働かないと決めています。子連れでも問題のない相手であれば、一緒に打ち合わせに行くことも。あとから「ママ、かっこよかったよ」とほめてくれたりします（笑）。
　私の仕事に付き合わせるばかりでなく、公園で思いきり遊んだり、車ではなくバスに乗って一緒に絵本を読んだり、ふたりきりの時間も楽しんでいます。

　以前の私のように、子育てと仕事の両立に悩んでいるママは多いはず。いまの私の働きかたが、ひとりでも多くのママの背中を押すことにつながればいいなと思っています。

ある1日のスケジュール

6:30	朝食、家事、娘の身支度
8:00	商品の梱包・配送
9:00	自宅を出る
10:00	子連れで打ち合わせ
12:00	ランチ
13:00	打ち合わせ 商品の梱包・配送
15:00	娘と公園へ
17:00	帰宅して夕食づくり、家事
18:00	娘と夕食、お風呂
20:00	娘の寝かしつけ
21:00	夫に夕食を出しながら今日の出来事を報告
23:00	就寝

母里比呂子
Hiroko Mori

国際線の客室乗務員、美容業界向けの広告営業として勤務後、結婚・妊娠を機に専業主婦へ。社会から離れた不安や孤独感を解消するため、ベビーマッサージの資格を取得する。出産後はベビーマッサージ講師を経て、子連れ出勤を歓迎する株式会社 OMOYA のスタッフとして週2日事務の仕事をするように。2015年にスクワランオイルを使った無添加スキンケアブランド「hirondelle（イロンデール）」を設立。代表取締役としてブランドを拡大する一方で、3歳になる娘の子育ても楽しんでいる。

OL時代に参加したセミナーが、私の人生を変えた

パーソナルカラーアドバイザー

筧 沙奈恵 Sanae Kakei 28歳

・レッスン・研修受講者　約 4000 人
・アメブロ「さなえにっき」読者　約 4500 人
・Instagram フォロワー　約 8000 人

「やりたいことはなに？ 悶々としていた会社員時代」

学生の頃から「美容にかかわる仕事がしたい」とずっと思っていました。でも、具体的になにをしていいかがわからず、事務として就職してからも悶々としていたんです。

そんなとき、相談に乗ってくれていたある先輩から言われてしまいました。「沙奈恵ちゃん自身がどうしたいかがわからないから、助けてあげたいけどどうにもできないよ」って。

それを聞いて「やりたいことを探す努力が足りなかったんだ」と気づいた私は、仕事終わりや週末を利用して1DAYセミナーに参加するようになりました。

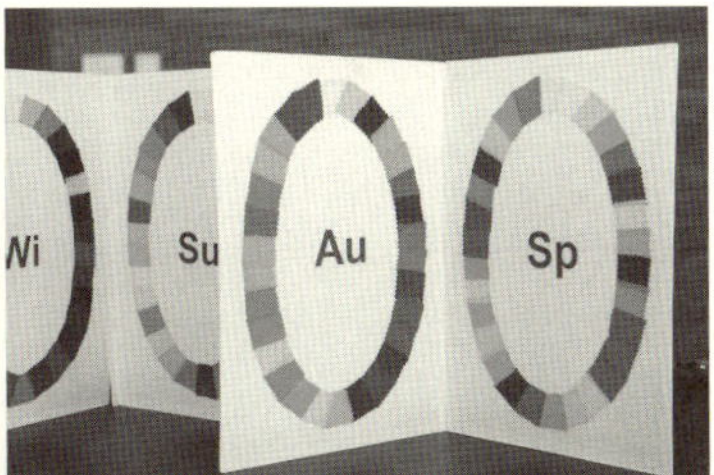

▲「Spring」「Summer」「Autumn」「Winter」の４タイプから、その人に本当に似合う色を診断。

◀レッスンの最後には、その人のパーソナルカラーでフルメイク。お客さまが自分の変化に驚いて笑顔になる瞬間は、もっともうれしい時間のひとつ。

ファンを増やすための工夫

- ブログ、個人ウェブサイト、SNSなどあらゆるメディアを使って、自然体で発信すること

しないことリスト

- 悪口やネガティブな発言
- 人によって態度を変えること
- 嘘をつくこと
- 無理をし過ぎること

仕事のマイルール

- 信頼関係を大切にする
- 同じことをするなら、とことん楽しむ
- 目の前のことに一生懸命取り組む
- 仕事、家事、育児、遊びをバランスよく
- 家族の笑顔をいちばんに考える

好きを仕事にしてからの変化

- 収入

独立してから年々増加。4年目の現在は、会社員の頃とくらべて1.5倍に。

- 労働時間

起業前：1日8時間、土日休み
起業後：1日2～6時間

アロマやファッションなど、興味のあるセミナーはとにかく受けてみました。そんなときに偶然参加したパーソナルカラーのセミナーで、はじめて「これだ！」とピンときたんです。

パーソナルカラーとは、肌・髪・瞳などの生まれ持った色と調和する、その人に似合う色のこと。色を通じてその人の個性や美しさを引き立て、自信を持っていきいきと過ごすためのお手伝いをする。そんな自分を想像してとてもわくわくしました。

さっそく土日を使ってパーソナルカラーの講座に通い、色彩検定の3級・2級を取得し、知人を呼んでレッスンの練習もはじめました。迷いがなくなると人はものすごい行動力を発揮するんですね（笑）。

「お金が出ていく」と言われている赤い財布を、「お金をたくさん使えるくらい仕事が成功しますように」という思いを込めて愛用中。会社を辞めるときに教育担当の先輩からもらったボールペンは、持ち歩いていると先輩が応援してくれているような気持ちに。

年に一度しか試験のない1級に落ちたときはかなりショックでしたが、あきらめずにもう1年がんばり、晴れて合格。その翌週に会社の上司に退職の相談をして、引き継ぎなどを終えた半年後にフリーランスになりました。

「ブログやSNSはなんでも使って情報発信！」

独立後は、広告などは打たず主にウェブで情報発信をしました。

大学時代から10年間、ほぼ毎日更新しているブログをはじめ、個人のウェブサイトや、Facebook、Instagram、Twitterなどで、私の仕事や人柄がわかる情報をとにかく発信し続けました。

すると、レッスンを受けたいというお問い合わせが少しずつ増え、半年後にははじめて法人のお客さまからオファーが。花嫁さんに向けて似合う色やドレスの診断を行うというセミナーの依頼でした。その後は、実績が増えたらウェブで発信する、ということを繰り返し、いろいろなお客さまから反響をいただけるようになりました。

個人向けレッスンは1回2時間。一度に大勢のかたと接するセミナーにくらべれば、パワーがいります。でも私は、1対1のレッスンも大切にしています。

「自分を変えたい」といった思いに寄り添い、そのお手伝いができる喜びを感じることで、私がこの仕事を選んだときの初心に戻れるから。

ママになって、働きかたに「いい変化」が

レッスンやセミナー以外の週2~3日は、主婦・ママ向けメディア『4yuuu!』を運営するロケットベンチャー株式会社のオフィスで、記事やイベントの企画の仕事をしています。

いま3歳の娘がいるのですが、保育園に週3日預け、あとは子どもと一緒にオフィスに行くというワークスタイル。オフィス内にキッズスペースがあり、子連れの社員さんも何人かいるので、安心して仕事ができています。

子どもができて変わったことは、生活にメリハリがついたこと。オフィスに行く日は10~16時だけ働いて、あとは子どもとの時間や家事に

あてる。夫の休日には私も休み、家族でお出かけをする。働く時間は以前より減りましたが、そのぶん限られた時間内で集中するので仕事の質は上がり、収入は少しずつ伸びています。

その他には、お子さまのいるお客さまや、『4yuuu!』のように子育て経験をいかせる仕事も増えてきました。

いずれは、パーソナルカラーの知識とママ目線をいかしたオリジナル商品のプロデュースなどもしてみたいです。

ある1日のスケジュール

6:30	起床、身支度 朝食と娘のお弁当づくり
7:30	夫の見送り、娘の身支度
9:00	娘を保育園へ
10:00	パーソナルカラーレッスン
12:00	友達とランチ＆情報交換
13:00	『4yuuu!』の記事編集、撮影立ち会い
16:30	オフィスを出て保育園へ娘のお迎え
17:30	帰宅して夕食づくり
18:00	娘と夕食、片付け
19:00	娘とお風呂＆遊ぶ
21:00	娘の寝かしつけ
22:30	夫の帰宅、夫の夕食準備 掃除や洗濯物をたたむ
24:00	就寝

筧 沙奈恵
Sanae Kakei

大学時代に読者モデルや化粧品販売のアルバイトを経験し、美容に興味を持つように。卒業後は保険会社の事務として働きながら、美容にかかわるセミナーなどに積極的に参加し、パーソナルカラーと出合う。会社員の傍ら、独学で色彩検定1級とパーソナルカラーアドバイザーのディプロマを取得し、24歳でフリーランスとして独立。個人向けレッスン、セミナー、新入社員研修をはじめ、「タカシマヤ カシミヤコレクション」スペシャルコンテンツカラー監修なども務める。現在は3歳の娘のママとして、主婦・ママ向けキュレーションメディア『4yuuu!』の企画・編集も担当。

留学しなくても、帰国子女じゃなくても、英語が好きなら仕事にできる

通訳・翻訳・英会話講師

石川奈未 Nami Ishikawa 28歳

YouTubeチャンネル「お仕事女子の英会話」
登録者　約4800人

「10歳で英語に魅了されて以来、英語づけの日々」

私が英語の魅力にとりつかれたのは、小学生のとき。ニュージーランドの留学生をホストファミリーとして受け入れたのがきっかけで、「英語をしゃべりたい!」と強く思うようになったんです。幼い頃から父の影響で洋画や洋楽に触れていましたし、家族で海外旅行にもよく行っていて、私に「新たな世界」を教えてくれるのはいつも英語でした。

英会話教室に通ったり、英語の本を読んだり、必死に勉強したというよりは自然に楽しみながらスキルを身につけ、大学に入る頃には一通りの英会話は話せるようになりました。

▲母が買ってくれたネックレスは、仕事で出かけるときの定番。
◀心のバイブル、『DON'T SWEAT THE SMALL STUFF...（些細なことを心配するな）』。落ち込んだときや寝る前に読んで、気持ちを穏やかにキープ。

ファンを増やすための工夫

- YouTubeチャンネル、ブログ、Facebookページなどで、英語に関する情報を定期的に発信

しないことリスト

- 徹夜
- 必要以上の人脈づくりや営業

仕事のマイルール

- 信頼をいちばん大切にすること
- 目の前のチャンスは必ずつかむこと
- 自分で限界を定めず、スキルを着実に伸ばすこと
- 日々の仕事から前向きに学ぶこと
- 好奇心を持って何事も楽しむこと

好きを仕事にしてからの変化

- 収入

起業後:レギュラーの仕事が増え、フリーになった当初より安定

- 労働時間

起業後:1日平均7〜9時間くらい。基本的に土日は休み深夜は仕事をしないようにしています

通訳・翻訳家を目指したのは、映画の字幕翻訳で有名な戸田奈津子さんに憧れたから。輝かしいキャリアの裏に30年以上もの下積み期間があったことを知り、なんて自分の夢にひたむきな努力家なんだろうと驚きました。

まずは戸田さんと同じ道を歩んでみようと、地元の福岡を離れて津田塾大学に入り、3年生になってからは通訳学校とのダブルスクールを開始。そのときに知り合った通訳エージェントの紹介で、4年生のときにはじめて通訳のお仕事に挑戦したんです。

「通訳オーディションの合格が転機に」

通訳デビューは東京国際映画祭。ちょうど

フリーになったときに購入し、大切に使い続けている名刺入れと、初の著書『お仕事女子のための24時間でマスターする英会話』。

『アバター』が公開されたときで、ジェームズ・キャメロン監督の通訳にはなんと戸田さんがついていました。学生の私は予備のスタッフで、実際にだれかの通訳をすることはほぼありませんでしたが、世界的に有名な監督や憧れの戸田さんと同じ場所にいられただけで、胸がいっぱいになったのを覚えています。

そこから少しずつ仕事が増えて、テレビのテロップの文字起こしや、バラエティ番組に出演する海外ゲストのロケでの通訳などを経験するように。本当は大学院を目指していたのですが試験に失敗し、進路を迷っていたときに、エージェントからフリーになることをすすめられました。

最初の頃は、エージェントから依頼される仕事がほぼ100%。でも、ゆくゆくは自分の名前で仕事がしたかったので、ウェブサイトに履歴書を公開して海外のクライアントを増やしたり、名刺を作成して配るなど、地道な営業活動を続けました。

転機となったのは、フリーになって3年目くらいの頃。あるIT企業がニューヨークでの展示会の通訳をオーディションで決めると知り、受けてみたところ、4人のうちのひとりに選ばれたんです。

そのあともドイツやパリなどの展示会に呼んでいただき、いろいろなエグゼクティブとお会いして貴重な経験を積みました。そこから仕事の輪が広がり、いまでは自分のネットワークで得た仕事が約50%を占めています。

「YouTubeチャンネル、本の出版など、活躍の場は拡大中」

YouTubeチャンネルやブログでの英会話レッスンは、より多くの人に英語を楽しく学んでいただくためにはじめました。私は、留学経験もなく帰国子女でもない普通の日本人女性。そんな私を等身大のまま発信することが、英語を学びたい人たちへのエールになればと思っています。

現在は、企業などから依頼される通訳・翻訳の仕事、個人向けの英会話レッスン、書店での英会話講座が主な収入源。人と会ってコミュニケーションをとるものもあれば、ひとりで黙々と作業するものもあり、どの仕事も同じくらい好きですが、分散させることで収入面でも心の面でもバランスがとれています。

最近では、ブログがきっかけで本を出版したり、大学で講演をさせていただくなど、新しい仕事も増えてきました。チャンスをいただいたらNOとは言わないことがモットーなので、今後もいろいろなことにトライするつもりです。

近々結婚の予定があるので、今後は家庭と仕事を両立しながら、家族向けの英語の教材を開発してみたいです。

ある1日のスケジュール

7:00	起床、メールチェック 朝食や身支度
10:00	映画を使った英会話プライベートレッスン
11:30	さくっと食べられるうどんなどでランチ
12:00	商社で、販促や市場開拓についての打ち合わせの通訳 聞き手のそばで小声で同時通訳するウィスパリング通訳
17:00	移動、電車でメールチェック 翻訳の修正箇所の提案
18:00	時事ネタを使った英会話プライベートレッスン
20:00	帰宅 保存のきくものやスープなどをつくり、夕食 お風呂、福岡にいる家族と電話 海外ドラマや映画を観ながらリラックス
23:30	ベッドで読書、就寝

石川奈未
Nami Ishikawa

小学生で英語に目覚め、独学や英会話教室に通ってスキルを習得。津田塾大学を卒業後、就職せずに23歳でフリーランスの通訳・翻訳・英会話講師となる。上場企業の商談通訳、記者会見や講演会での通訳、海外経営者・VIPのアテンド通訳、映像や書籍などのメディア翻訳、経営者から学生まで幅広い層に向けた英会話のプライベートレッスンの他、YouTubeで英会話レッスンやバイリンガル動画を配信。2015年には、初の書籍『お仕事女子のための24時間でマスターする英会話』（光文社）を出版。

業態別にチェック！ 好きな仕事のはじめかた

サロンを開く

ネイル・エステ・ヘアなど、お客さまのきれいをサポートする美容系サロンは女性に人気の業態。自宅の一部で施術をするホームサロンであれば場所代がかからないため、意外とはじめやすいことも魅力です。

ただし、専門技術をサービスとして提供するので、ゼロからはじめる場合はスキルの習得がマスト。ネイリストやエステティシャンに国家資格はありませんが、スキルアップや信頼性のためにも民間資格を取得しておいたほうがいいでしょう。

ネイルサロン

必要な資格

特になし。ただし、ＪＮＥＣネイリスト技能検定試験、ＪＮＡジェルネイル技能検定試験などの資格を有するネイリストが多いです。

場所

自宅の一部を使う、マンション・ビルの一室を借りる、美容室などの一部を間借りする、といったパターンがあります。

開業資金

ホームサロンなら、テーブル・イス・ワゴン・ネイル材料などで30万円〜50万円ほど。マンションサロンなら、マンションの契約費用やインテリアなどを合わせて100万円ほど。間借りサロンなら、テーブルやイスは貸してもらえる可能性が高いので、最低でネイル材料20万円〜30万円のみからスタートできます。

届出

特になし。ただし、税務署への個人事業の開業届などは必要です。

エステティックサロン

必要な資格

特になし。ただし、信頼性を高めるなら、日本エステティック協会や日本エステティック業協会の資格を取得するといいでしょう。

場所

自宅の一部を使う、マンション・ビルの一室を借りるなど。

開業資金

もっともお金がかかるのはエステ機器。エステの内容によりますが、購入すれば数十万円〜数百万円、レンタルでも数万円〜数十万円かかります。その他にベッドやイス、タオル、化粧品などを合わせると、ホームサロンでも最低50万円ほどは見ておいたほうがいいでしょう。

届出

特になし。ただし、税務署への個人事業の開業届などは必要です。

ヘアサロン（美容室）

必要な資格

美容師免許（国家資格）。自分が美容師業務を行わないオーナーの場合は、美容師免許を持つスタッフを雇う必要があります。

場所

美容師法の規定などがあり、水道管工事が必要なシャンプー台など、専用の設備を用意しなければならないので、資金や工期をおさえるなら居抜き物件。前に運営していたサロンの設備がそのまま残っているため、比較的早くオープンできます。お金がかかっても好みのデザインにしたいなら、まっさらな状態のスケルトン物件を選びます。

開業資金

美容師ひとり・シャンプー台ひとつのコンパクトなサロンの場合は、店舗の契約や工事、備品などを諸々合わせて600万円ほど。規模によっては1000万円ほどかかる場合もあります。

届出

開業1週間前までに、保健所に開設届を提出します。その他税務署への個人事業の開業届など。

リラクゼーションサロン（アロマ・マッサージなど）

必要な資格

特になし。民間資格であれば、リフレクソロジー、アロマ、フットなどジャンルごとに多数あります。ただし、はり・きゅう・マッサージ・指圧については、国家資格であるはり師・きゅう師・あん摩マッサージ指圧師資格が必要になります。

場所

自宅の一部を使う、マンション・ビルの一室を借りるなど。

開業資金

専用の機器を使わない場合が多いので、ベッド・イス・タオル・アロマオイルなど最低限の備品があればはじめられます。場所代のかからないホームサロンであれば20万円ほど。

届出

特になし。ただし、税務署への個人事業の開業届などは必要です。

教室を開く

お教室系も、起業を考える女性に人気の業態。自分の趣味や特技をいかしてはじめられるので、無理なく続けやすいこともポイントです。最近では、フラワーアレンジメントやポーセラーツなどのものづくり系も増えています。

自宅の一部を使う他、公民館やカルチャーセンターなど地域の施設を格安で借りられる場合があります。また、美容系サロンのように特殊な設備を使わないので、生徒さんの自宅へ出張してレッスンするという方法も。

英会話・学習塾・パソコン・そろばん・書道・絵画・音楽教室など

必要な資格

特になし。関連する民間資格は多数あるので、自身のスキルアップや信頼性のために必要に応じて取得しましょう。

場所

自宅の一部を使う、マンション・ビルの一室を借りる、公民館やカルチャーセンターを借りる、生徒さんの自宅に出張するなど。

開業資金

場所代に加え、デスクやイス、テキスト、教える際に使う道具（パソコン・そろばん・書道用具・画材・紙）などの費用。道具については生徒さんに購入してもらうケースが多いと思うので、場所代さえかけなければ比較的手頃にはじめることができます。

届出

特になし。ただし、税務署への個人事業の開業届などは必要です。

料理教室

必要な資格

特になし。飲食店の場合は、食品衛生責任者と防災管理者が必要になりますが、食品の販売をしない料理教室であれば必要ありません。調理師や栄養士などの免許は、持っていたほうが信頼性は格段に高まります。また、教室にオリジナリティを持たせるなら、フードコーディネーター、野菜ソムリエ、クシマクロビオティックス・コンシェルジュなど特徴的な資格を取得するのも手。

場所

自宅のキッチンを使う、マンション・ビルの一室を借りる、生徒さんの自宅に出張するなど。

開業資金

自宅のキッチンであれば、コンロやオーブン、冷蔵庫などは自前のものでOK。生徒さん用のボウルやお鍋、食器、食材などをそろえればスタートできます。

届出

特になし。ただし、税務署への個人事業の開業届などは必要です。

フラワーアレンジメント・ポーセラーツ・編みもの・クラフト教室など

必要な資格

特になし。資格や肩書きよりも、実際の作品のクオリティやセンスが集客を左右します。

場所

自宅の一部を使う、マンション・ビルの一室を借りる、公民館やカルチャーセンターを借りるなど。

開業資金

場所代に加え、制作に使う道具、材料、ディスプレイやサンプル用の作品制作費など。生花の卸業者など、材料の仕入れ先の選定もしておきましょう。

届出

特になし。ただし、税務署への個人事業の開業届などは必要です。

マナー講師・カラーアドバイザー・整理収納アドバイザーなど

必要な資格

特になし。ただし、趣味のレベルから一歩踏み込んだ専門知識が必要になるため、関連する民間資格を取得するようにしましょう。企業研修や講演などのオファーにもつながりやすい仕事です。

場所

自宅の一部を使う、マンション・ビルの一室を借りる、公民館やカルチャーセンターを借りる、セミナールームや会議室を借りる、企業のオフィスを借りるなど。

開業資金

場所代以外は特に大きな出費はありません。

届出

特になし。ただし、税務署への個人事業の開業届などは必要です。

ネットショップを開く

リアル店舗を構えずに、ネット上でお店をオープンできるウェブショップ。実際に店舗を持つよりも初期費用がはるかに安いので、「自分のお店を持ちたい！」という人がトライしやすい業態です。

ショップのオープンまでは大まかに3ステップ。商品を販売するための許可をとり、商品を仕入れ、ウェブショップシステムを用意すればOK。だれでも気軽にはじめられるぶん、商品ラインナップにオリジナリティを持たせたり、商品写真にこだわったり、梱包や配送を丁寧&スピーディに行ったり、他のショップと差をつけてファンを増やすことが大切になります。

開業に必要な許可をとる

商品には、許可がなければ販売できないものとできるものがあります。商品の種類によって細かく定められているので、販売を予定している商品はもれなくチェックするようにしましょう。輸入商品については、国内の商品よりもさらに細かく定められており、代行業者に依頼するケースが一般的です。

【許可が必要な国内の商品】

食品

魚介類(生・干物・燻製)、乳製品、手づくりのスイーツ・ジャム・ジュース・漬物など

…「食品衛生管理者の資格」「食品衛生法に基づく営業許可」が必要

※農産物を農家から直送する、加工食品をそのまま販売する　…　許可不要

酒類

アルコール度数1度以上の酒類、みりんなど

…「一般酒類小売業の免許」「通信販売酒類小売業の免許」が必要

中古品
本、CD、DVD、服、家具、アンティークの時計やジュエリー、チケットや金券 … 「古物商許可証」が必要
ペット
犬、猫、小鳥、は虫類など … 保健所などへの登録が必要
※魚類、昆虫、ペットフード … 許可不要

【許可が必要な海外からの輸入商品】
食品（農産物、缶詰、缶ジュース、コーヒー、お茶など）
食器（皿、茶碗、カップ、グラス、スプーン、フォーク、ストローなど）
動植物（種子、小動物、生花、は虫類、魚類、昆虫、ドライフラワーなど）
ベビー用品（おもちゃ、哺乳瓶など）

商品を仕入れる

卸業者から仕入れる … ネット上で卸売りを行っている業者、街の卸業者、展示会に出展している卸業者など。ただし、街の卸業者は個人事業主との取引を行っていないケースが多いので注意しましょう。

メーカーから仕入れる … 法人のメーカーの他、個人のアクセサリー作家や陶芸家など。

小売業者から仕入れる … 街のお店やウェブショップなど。ただし、卸業者より単価が高く利益が出にくいので、小売業者だけから仕入れるのは現実的ではありません。

個人から仕入れる　…　リサイクル品などの場合。

ウェブショップシステムを用意する

ウェブショップ開業サービスを利用する　…　無料なら『STORE.JP』『BASE』など。ネット上で簡単にショップをオープンでき、決済や配送などのサービスもまるごと請け負ってもらえます。

モールを利用する　…　『楽天市場』『Yahoo!ショッピング』など。出店料はある程度高くなりますが、集客は見込めます。

パッケージソフトを利用する　…　必要なシステムがパッケージ化されたもの。パソコンショップやネット上で購入できます。別でレンタルサーバーを契約し、そこでサイトを公開します。

ハンドメイド作家になる

『minne』をはじめとするマーケットプレイス（売り手と買い手をつなぐ取引場）の拡大で、近年グッと注目度が高まっているハンドメイド作家。アクセサリー、ファッション雑貨、インテリア雑貨、アート作品など、技術とセンスが光るアイテムで売れっ子になる作家さんも多く、ものづくりが好きな人にとっては憧れの仕事ともいえます。

作業は基本的に自宅で好きなときにできるため、子育て中のママや会社員のダブルワークも多い仕事。売れれば売れるほど自分の作業が増えていくので、心からものづくりが好きなことと、楽しみながらもいかに作業効率をアップさせるか考えられることが、売れ続けるための秘訣といえそうです。

必要な資格

特になし。資格や肩書きよりも、実際の作品のクオリティやセンスが集客を左右します。

場所

作業場は自宅が一般的。特殊な設備を使ってつくるアイテムの場合は、専用のアトリエを用意することも。

開業資金

商品をつくるための材料費や設備費、販売のための手数料や出店料。

届出

特になし。ただし、税務署への個人事業の開業届などは必要です。

販売ルート

マーケットプレイスでの販売

『minne』…テレビCMでおなじみの急成長中のマーケットプレイス。作家と購入者をつなぐイベント、作家の出店サポートなどにも積極的。

『tetote』…バッグやファッション雑貨など手芸作品が強み。ママ作家が多いことも特徴。

『iichi』…女性ファッション誌によく広告を掲載しており、従来のネットユーザーとは違った客層のファンが多い。

『Creema』… 東京ビッグサイトでの大型イベント、百貨店でのセレクトショップ企画なども実施。

イベントでの出店

『デザインフェスタ』… 東京ビッグサイトで開催される、アジア最大級のアートイベント。

『ハンドメイドインジャパンフェス』… 東京ビッグサイトで開催される『Creema』主催のイベント。

自分のウェブショップでの販売

ネットオークションへの出品

雑貨店・カフェ・レンタルスペースなどでの委託販売

仕入れの基本

材料の仕入れは、クオリティの高いものをいかに安く安定的に仕入れるかがポイント。リアル店舗（小売店・卸業者）とウェブショップ（小売店・卸業者）の両方を仕入れルートに持ち、状況に応じて適したほうから仕入れます。

はじめて購入するもの、少量でいいもの、実際の色味や素材感を見てから決めたいものは、リアル店舗で仕入れ。一方で、いつも買っているもの、大量に必要なもの、店舗に在庫がないものは、ウェブショップで仕入れます。小売店より卸業者のほうが単価が安いですが、個人には販売しない卸業者もいるので注意が必要です。

値つけの基本

コストを差し引いてもきちんと利益の出る販売価格にすることが大切です。特に見落としがちなのが自分の人件費ですが、作業時間と照らし合わせてしっかり換算するようにしましょう。もし、自分の設定した価格が他の作家さんより明らかに高いようなら、より安い材料に切り替えたり作業効率を高めるなどして、販売価格を調整していきます。

・材料費
・試作品製作費
・ラッピング材料費
・送料
・設備費
・販売手数料
・宣伝広告費
・光熱費
・人件費（自分の仕事を時給いくらに設定するか？）など

クリエイターになる

ライター、イラストレーター、デザイナー、コーダー、カメラマンなどのクリエイター系も、スキルさえあれば十分ひとりで活躍していくことができます。広告代理店や制作会社、デザイン事務所から独立し、フリーランスとして新しいスタートを切るパターンが多いです。

一方で、近年は『ランサーズ』などのクラウドソーシングサービスが浸透し、未経験からクリエイターを目指す人も増えてきました。クラウドソーシングで経験や実績を積み、クリエイターとしてステップアップしていくというのも、現代ならではの方法です。

必要な資格

特になし。資格よりもスキルや実績、センスを求められることが多いです。

場所

自宅をオフィスとして使う、シェアオフィスを借りる、自分でオフィスを借りる、独立前に勤めていた会社のオフィスを間借りする、などど。パソコンひとつでできる仕事なら、カフェなどを作業場にするノマドワーカーという働きかたもありです。

開業資金

場所代の他、パソコン、ソフト、プリンター、スキャナー、カメラ機材など仕事に必要な備品の費用。

届出

特になし。ただし、税務署への個人事業の開業届などは必要です。

仕事をもらうルート

独立前に勤めていた会社からの依頼、業務委託

仕事内容の勝手がわかっているため、スタートアップ時期に受ける仕事としては安心。まずはここからスタートし、徐々に取引先の幅を広げていくのもいいでしょう。

クラウドソーシングサービスに登録

仕事を求めるクリエイターと外注先を探す企業をつなぐネットサービス。サイトに掲載されている案件から興味のあるものを選んで応募し、企業側と合意がとれたら受注、という流れです。

コンペ形式のものが多く、必ずしも受注できるとは限らない点に要注意。発注価格も相場より低い傾向にあります。経験や実績を積む場として、または企業とのネットワークをつくる場として活用するのが◯。

企業と外注契約

フリーランスでいながら、企業からの定期的な受注が見込める方法です。メディア運営会社のコンテンツライターとして契約したり、結婚式場のブライダルカメラマンとして契約するなど、職種によってさまざまなパターンがあります。他の取引先からの仕事ももちろん受けられるので、安定的な収入源は確保しつつ、仕事の幅を広げていくことができます。

営業

取引したい企業などに自分から営業をかけるパターン。その際は、ポートフォリオと呼ばれる自分の作品集を持参するのが一般的です。自分のスキルやセンス、その企業と仕事がしたいという熱意などを相手に伝えることで、うまくいけば取引してもらえます。

問い合わせ・紹介

自分のウェブサイトがあれば、そこから問い合わせを受ける可能性もあります。ウェブサイトも自分の名刺代わりですから、定期的に新しい実績を更新するようにしましょう。名刺を交換した企業やメディアのかたが、まずウェブサイトを見るということもよくあります。

また、メディアなどでこれまでの実績を見たお客さまから「ぜひあなたにお願いしたい」というオファーがくることも。あとは既存のお客さまからの紹介も大切な受注ルートになります。

おわりに

「私らしく」毎日を過ごすこと。
「私らしさ」をいかした仕事でだれかの役に立つこと。

この本を手にとってくださったあなたの、「私らしさ」をつくるヒントが少しでも見つかっていたらうれしいです。

「女性の活躍」という言葉が最近ではよく注目されますが、活躍とはいったいなんでしょうか。

男性に負けないくらいバリバリ働くこと？　女性管理職としてたくさんの部下の上に立つこと？　年収1000万円以上になること？

私は、一人ひとりがその人らしい幸せを実現していくことだと思っています。

本来なら、年齢や性別にかかわらず、「一生懸命働いて稼ぎたい」「仕事と子育てのバランスをとりながら成長したい」「子どもを持たず自分のやりたいことを追求していきたい」など……だれがどの生きかたを選んだっていいはず。

自分にとっての「私らしい幸せ」を知り、ベストな道を自分の手で選び取り、心から納得できる毎日を送る。すべての人があたり前のように「らしく」生きられる社会こそが、理想だと思うのです。

「私らしさをいかして、1000人のファンとともに幸せになる」という考えかたは、いわば「活躍」の新しい定義です。

お金がある人＝活躍している人、ではなく、有名な人＝活躍している人、でもなく、自分らしさをいかした好きなことで、だれかを幸せにすることを通して自分も幸せになれる人＝活躍している人。

そんな考えかたが浸透すれば、自分らしい幸せを実現できる人がもっともっと増えていくのではないでしょうか。

「私らしく生きよう」と決意してから、私は日ごとに本来の自分に近づいている気がします。

生まれながらにして与えられているもの、積み重ねてきた経験や知識、たくさんの人との出会い。その恵みをいかしながら、未来を向いて歩くことができています。

今日の自分は、昨日の自分より「私」らしい。
明日の自分は、今日の自分よりもっと「私」らしい。
そう思うと、なんだか勇気が湧いてきませんか？

この本を手にとってくださったかたが、自分の心の声に素直になって、自分らしい人生の一歩を踏み出せること。また芯のあるしなやかさを持って、より自由で幸せな人生を切りひらいていけることを、切に願っています。
すべての女性は、命ある限り、必ず幸せに生きることができます。

あなたが、「私に生まれてよかった」と心から思える日がきますように。
自分らしく、美しい人生を歩めますように。
私はいつでも、あなたのことを応援しています！

最後に、自分らしく生きることを教えてくれた家族や親友、大切な人たちと、この本の出版にあたってご尽力いただいたすべてのかたに感謝を申し上げます。

２０１６年12月

猪熊真理子

参考文献・ウェブサイト

【書籍】

- 『マイペースで働く！　女子のひとり起業』滝岡幸子／同文舘出版／2015年
- 『ど素人がはじめる起業の本』滝岡幸子／翔泳社／2014年
- 『おうち起業のはじめ方』大澤和美／主婦の友インフォス情報社／2014年
- 『いつも予約でいっぱいの人気サロンをつくる7つのレッスン』神馬友子／自由国民社／2015年
- 『売れっ子ハンドメイド作家になる本』たかはしあや／ソシム／2015年
- 『白いネコは何をくれた？』佐藤義典／フォレスト出版／2008年
- 『フリーランスを代表して申告と節税について教わってきました。』きたみりゅうじ／日本実業出版社／2005年
- 『「らく」に生きる技術』小林奨／彩図社／2015年
- 『本当の自分を発見するための面白心理テスト』鈴木敏昭／日本図書刊行会／2014年
- 『選択の科学』シーナ・アイエンガー／文藝春秋／2010年
- 『幸せのメカニズム　実践・幸福学入門』前野隆司／講談社／2013年
- 『藤原和博の必ず食える1%の人になる方法』藤原和博／東洋経済新報社／2013年
- 『しつもんマーケティング　あなたのファンが1000人に増える5ステップ』マツダミヒロ／角川学芸出版／2013年
- 『商品を売るな　コンテンツマーケティングで「見つけてもらう」仕組みをつくる』宗像淳／日経BP社／2014年
- 『なぜ「あれ」は流行るのか？　強力に「伝染」するクチコミはこう作る！』ジョーナ・バーガー／日本経済新聞出版社／2013年
- 『ゼロ距離マーケティング　なぜ、あの会社はリピーターが多いのか？』浦郷義郎／PHP研究所／2008年
- 『全米No.1のセールス・ライターが教える　10倍売る人の文章術』ジョセフ・シュガーマン／PHP研究所／2006年

【雑誌】

- 『PRESIDENT　2012年6.4号』プレジデント社／2012年

【ウェブサイト】

- 現代ビジネス
- PRESIDENT Online
- 日本政策金融公庫　新規開業に関する調査
- 税理士法人AIO運営　会社設立夢工房
- 静岡市の税理士・公認会計士　西野総合会計
- ひとりでできるもん®
- 総務省　平成27年版　情報通信白書
- シナジーマーケティング株式会社　CRMのプロが書くマーケティングBLOG
- サロン開業支援・運営・集客のヒント
- サロン経営ナビ
- 中小企業ビジネス支援サイト　J-Net21
- ネットでお仕事.com

※本書でご紹介した情報は書籍刊行時点でのものであり、
変更する場合があります。

著者プロフィール

猪熊真理子 Mariko Inokuma

女子未来大学 ファウンダー
株式会社 OMOYA 代表取締役社長

1984 年生まれ。東京女子大学文理学部心理学科卒業。学生時代に女性の自信形成に興味を持ち、心理学を学ぶ。大学卒業後は株式会社リクルートに入社し、『ゼクシィ』『HOT PEPPER Beauty』などの事業戦略・ブランドプロモーション戦略・マーケティングに従事。

その傍ら「女性が豊かに自由に生きていくこと」をコンセプトに講演やイベントを行い、高校生から 70 代までのべ 3000 人以上の女性たちと出会う。

会社退職後、2014 年に株式会社 OMOYA を設立。女性向け事業・ブランド・商品・サービスのコンサルティング、企業内の女性活躍推進などを行う。社会人女性の学びの場「女子未来大学」は、設立からわずか 1 年半で予約のとれない講座として話題に。

(一社) at Will Work 理事。(一社) 全日本伝統文化後継者育成支援協会役員。

「私らしさ」のつくりかた

2016年12月7日 初版発行

著者　猪熊真理子

イラスト　須山奈津希
本文写真　井出友樹
カバーデザイン　井上新八
本文デザイン　荒井雅美（トモエキコウ）
DTP　小山悠太（サンクチュアリ出版）
営業　津川美羽／筑田 優（サンクチュアリ出版）
編集　吉田麻衣子（サンクチュアリ出版）

発行者　鶴巻謙介
発行所　サンクチュアリ出版
〒151-0051 東京都渋谷区千駄ヶ谷 2-38-1
TEL 03-5775-5192　FAX 03-5775-5193
http://www.sanctuarybooks.jp
info@sanctuarybooks.jp

印刷・製本　株式会社シナノ パブリッシング プレス

ISBN978-4-8014-0033-7